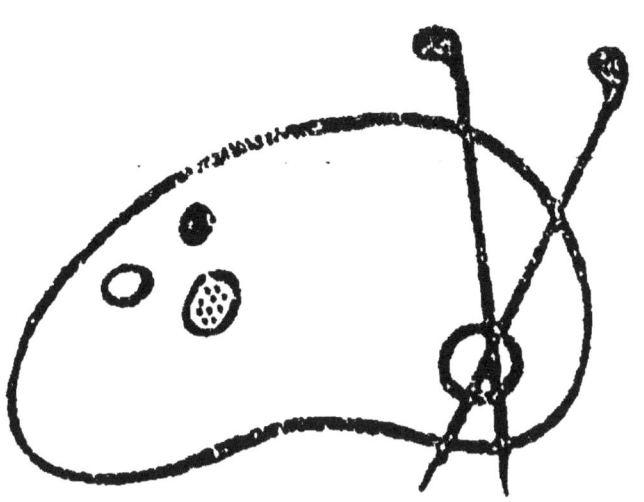

Début d'une série de documents
en couleur

Édition à 1 fr. 25 le volume

CH.-PAUL DE KOCK

LES

DEMOISELLES

DE MAGASIN

TOME SECOND

PARIS
DEGORCE CADOT, ÉDITEUR
9, RUE DE VERNEUIL, 9

Droits de traduction et de reproduction réservés

NINIE GUIGNON, par HENRY DE KOCK

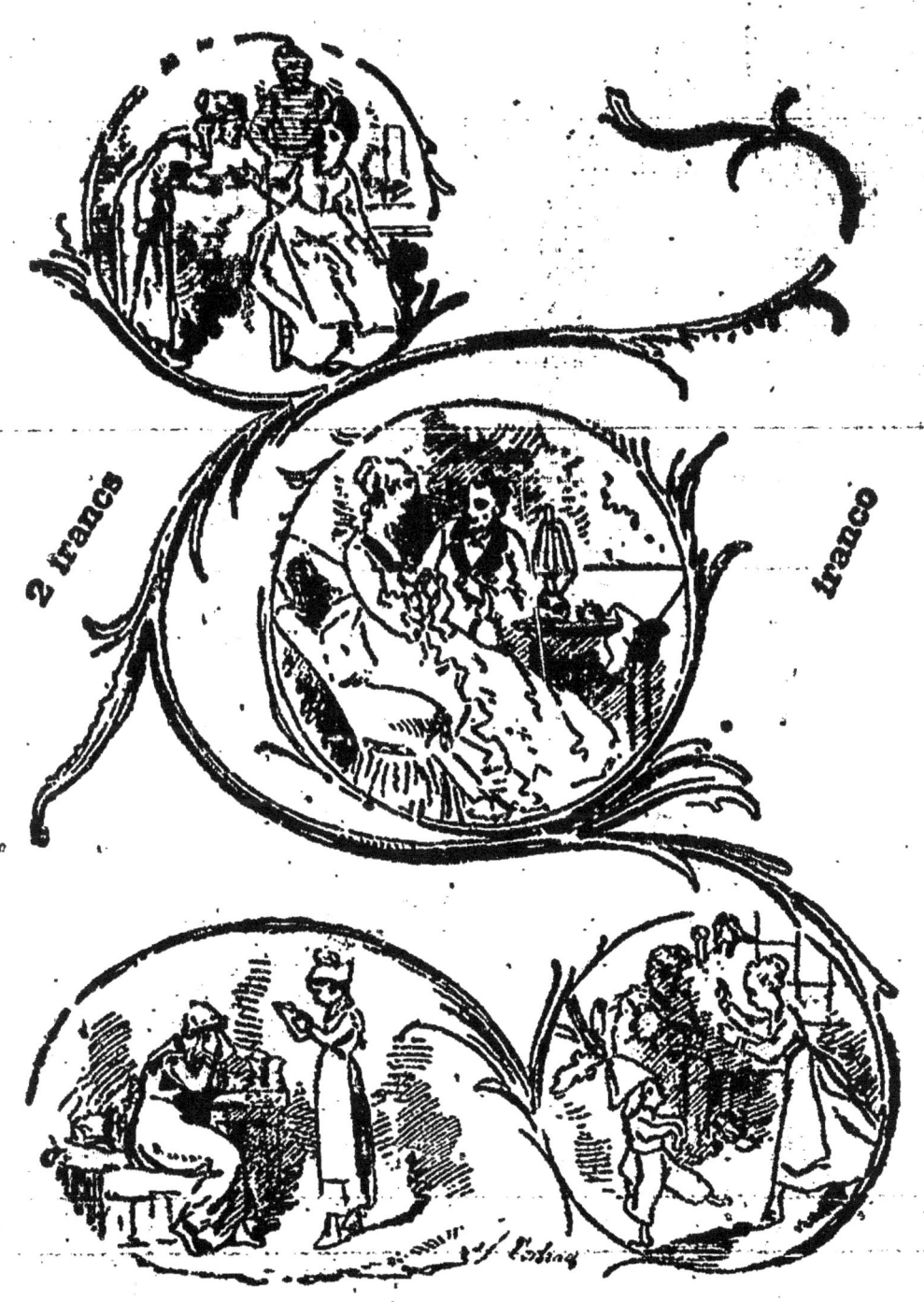

2 francs — franco

F. AUREAU — IMPRIMERIE DE LAGNY

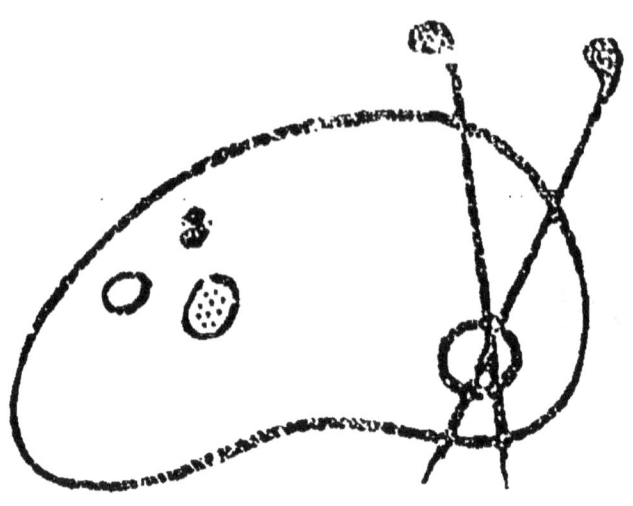

Fin d'une série de documents en couleur

LES DEMOISELLES

DE MAGASIN

TOME II

EN VENTE A LA MÊME LIBRAIRIE

ŒUVRES DE CH. PAUL DE KOCK

AVEC UNE GRAVURE HORS TEXTE

ÉDITION A 2 FRANCS LE VOLUME

L'Amoureux transi........ 1 vol.	Le Petit Bonhomme du coin. 1 vol.
Une Gaillarde............ 2 »	Mon ami Piffard.......... 1 »
La Fille aux trois jupons. 1 »	Les Demoiselles de Magasin 2 »
La Dame aux trois corsets. 1 »	Une Drôle de maison..... 1 »
Ce Monsieur.............. 1 »	Mme de Monflanquin...... 2 »
La Jolie Fille du faubourg. 1 »	Maison Perdaillon et Cie.. 1 »
Les Femmes, le Jeu et le Vin................... 1 »	Le Riche Cramoisan...... 1 »
Cerisette................. 2 »	La Bouquetière du Château-d'Eau............. 2 »
Le Sentier aux Prunes... 1 »	La Famille Braillard...... 2 »
M. Cherami............... 1 »	Friquette................. 1 »
M. Choublanc............. 1 »	La Baronne Blaguiskoff.. 1 »
L'Ane à M. Martin....... 1 »	Un Jeune Homme mystérieux................. 1 »
Une Femme à trois visages. 2 »	La Petite Lise............ 1 »
La Grappe de groseille... 1 »	La Grande Ville.......... 1 »
La Mariée de Fontenay-aux-Roses.............. 1 »	La Famille Gogo.......... 2 »
L'Amant de la Lune...... 3 »	Le Concierge de la rue du Bac..................... 1 »
Papa Beau-Père........... 1 »	Les nouveaux Troubadours. 1 »
La Demoiselle du cinquième................. 2 »	Un petit-fils de Cartouche. 1 »
Carotin.................. 1 »	Sans-Cravate............. 2 »
La Prairie aux coquelicots................... 2 »	Taquinet le Bossu........ 1 »
Un Mari dont on se moque. 1 »	L'Amour qui passe et l'Amour qui vient........ 1 »
Les Compagnons de la Truffe................... 2 »	Madame Saint-Lambert... 1 »
Les Petits Ruisseaux..... 1 »	Benjamin Godichon....... 1 »
Le Professeur Ficheclaque................... 1 »	Paul et son Chien........ 1 »
Les Étuvistes............ 2 »	Les époux Chamoureau... 1 »
L'Homme aux trois culottes.................. 1 »	Le Millionnaire.......... 1 »
Madame Pantalon......... 1 »	Le petit Isidore........... 1 »
Madame Tapin............ 1 »	Flon, Flon, Flon Lariradondaine................... 1 »
	Un Monsieur très-tourmenté................... 1 »

Il a été tiré, de chaque ouvrage, cent exemplaires sur très-beau papier de Hollande, gravure sur chine, à 5 francs le volume

---

F. Aureau. — Imprimerie de Lagny.

ŒUVRES DE CH.-PAUL DE KOCK

LES
DEMOISELLES
DE MAGASIN

TOME II

PARIS
A. DEGORCE-CADOT, ÉDITEUR
9, RUE DE VERNEUIL, 9

Tous droits réservés

LES DEMOISELLES

DE MAGASIN

XIX

Une première Séance

(SUITE)

Roger était depuis longtemps plongé dans ses réflexions, lorsqu'on entre vivement dans son atelier, en chantant, en sautant, et on l'a déjà embrassé plusieurs fois avant qu'il ait eu le temps de voir qui venait chez lui.

C'est Thélénie, la jolie parfumeuse, qui a fait une grande toilette, mis sa robe de soie, un petit chapeau tout frais, des bottines neuves; qui à l'air coquet, radieux, joyeux, et s'écrie :

— Me voilà, moi ! Ah ! on ne m'attendait pas,

mais j'aime à surprendre mon monde. Le temps est superbe... j'ai fait une jolie toilette, je me suis dit : Mon bon ami Roger m'a promis plusieurs fois de me mener dîner au bois de Boulogne, chez le traiteur qui est dans le chalet, ou le chalet qui est chez le traiteur, n'importe... eh bien, il m'y mènera aujourd'hui, et je me suis dépêchée et je suis venue. Ai-je bien fait, monsieur... et voudrez-vous me mener aujourd'hui dîner dehors et manger de l'omelette soufflée ?... Oh ! l'omelette soufflée ! on dit que c'est mauvais genre à présent, qu'il n'y a plus que le petit bourgeois qui en mange ; mais je m'en fiche, moi, j'en raffole. Eh bien ! voyons, parlez, répondez... vous ne dites rien.

Roger, tout étourdi par le flux de paroles qui bourdonne à ses oreilles, regarde Thélénie et murmure :

— Tiens ! c'est toi ?

— Comment ! si c'est moi ! eh bien ! vous ne vous en étiez pas encore aperçu, et vous vous étiez laissé embrasser sans savoir si c'était moi ? Et quelle autre se permettrait donc de vous embrasser comme cela, s'il vous plaît... je voudrais bien le savoir, elle recevrait une fameuse danse, celle-là !

— Sais-tu que tu es très-gentille ce matin ?

— Ah ! il me trouve gentille... à la bonne heure, c'est aimable cela ; cela ne te contrarie pas que je sois venue, tu veux bien me mener dîner aujourd'hui ?

— Oui, certainement ; mais ton magasin ?

— Ah ! tant pis ! j'ai dit que j'étais marraine. Tu m'achèteras des pralines, je leur en donnerai, ils goberont la chose. Mon petit chapeau me va bien, n'est-ce pas?

— A ravir. Je passe une redingote et je suis à toi.

— Mets ton gilet de piqué chamois ; tu sais que j'adore les hommes en gilet chamois.

— Tous ceux qui en portent?

— Qu'il est bête!... Eh bien, eh bien, qu'est-ce que tu as donc fait de mon portrait? je ne le vois plus.

— Ton portrait... je t'assure qu'il est toujours à sa place.

— A sa place...

Thélénie court à son portrait et pousse un cri :

— Retourné! mon portrait retourné! qu'est-ce que cela signifie, monsieur?

— Comment! ton portrait était retourné?

— Faites donc comme si vous ne le saviez pas! mettre ma figure du côté du mur... c'est poli ; vous aviez donc peur qu'elle ne fût vue. Voyons, monsieur, qu'est-ce que cela veut dire... pourquoi mon portrait était-il retourné?... il me semble pourtant que ma tête n'est pas si désagréable à voir... c'est un affront qu'on m'a fait là.

— Je t'assure, ma chère amie, que je ne sais pas... que j'ignore... d'abord je te jure sur l'honneur que ce n'est pas moi qui ai retourné ton portrait.

— Alors c'est un autre. Qu'est-ce qui est venu aujourd'hui chez vous?

— Plusieurs personnes: M. Boniface Triffouille, le jeune Sibille.

— Sibille... oh ! il est bien capable d'avoir fait cela ; il m'a fait les yeux doux et je l'ai envoyé à l'ours ; mais si c'est lui, le singe, je lui tirerai les oreilles.

Thélénie a remis son portrait en vue, Roger a achevé sa toilette ; il court prendre le bras de sa maîtresse en lui disant :

— Je suis prêt, partons.

— Partons. C'est égal, mon portrait retourné ! ah ! il faudra bien du champagne pour me faire oublier cela !

XX

Chez un photographe.

M. Boniface Triffouille s'est dit en sortant de chez Roger :

— Allons trouver Calvados et sachons s'il pourra venir avec moi à ce Château-des-Fleurs ; car s'il me fallait aller là tout seul, je serais gauche, embarrassé, et je ne m'amuserais pas.

En arrivant chez Calvados, Boniface est reçu par son ami lui-même, qui, au lieu de le faire entrer dans son salon, le prend par le bras et l'entraîne dehors en lui disant :

— Viens, viens avec moi, je ne veux pas que tu voies ma femme dans ce moment ; elle est en épreuve, mon cher ami, et je ne veux pas la déranger.

— Ta femme est en épreuve !... qu'est-ce que cela signifie ?

— Eh ! mon Dieu, mon cher Boniface, cela veut dire que je fais encore une épreuve de sa vertu, de sa fidélité. Que veux-tu, l'occasion était si belle que je n'ai pas pu y résister.

— Comment, Calvados, tu n'en as pas fini avec tes épreuves ? Tu as eu déjà plusieurs fois la certitude que ta femme était sage, qu'elle n'écoutait pas les galants, et tu recommences à l'éprouver. Tu veux continuer jusqu'à ce qu'elle ait soixante ans ?

— Non, mon ami, non, cette fois sera la dernière ; oh ! j'en ai fait le serment sur ma propre tête. Mais, figure-toi qu'un de mes neveux, qui est lieutenant dans la ligne, vient d'arriver avec son régiment à Paris, où le voilà en garnison. Ce jeune officier est fort joli garçon, fort aimable ; il ne pensait pas du tout à ma femme ; mais je l'ai pris à part et je lui ai dit en secret : Fais la cour à ta jeune tante, ça me fera plaisir, tu seras fort mal accueilli, j'en suis à peu près sûr d'avance ; mais sois tranquille, je ferai ta paix avec elle, c'est une épreuve que je veux tenter ; je veux être certain de ne pas être... un cerf... eh ! eh ! tu comprends ! Mon jeune gaillard a accepté avec joie ma proposition. Oh ! il n'a pas mieux demandé que de m'être agréable, et aujourd'hui même je lui ai ménagé un tête-à-tête avec Léonore ; je suis sorti en prétextant des affaires, et voilà pourquoi je ne veux pas que tu ailles déranger tout ce que j'ai si bien préparé ; dans une demi-heure j'irai dans un café où j'ai donné rendez-vous à mon neveu, et il viendra me rendre compte du résultat de sa première déclaration.

Boniface secoue la tête en disant :

— Enfin, du moment que cela t'amuse ; moi, je n'ai jamais eu de ces idées-là étant marié.

— Oh ! mais toi tu n'étais pas amoureux de ta femme et jaloux de ton honneur.

— Mon honneur !... ah ! ah ! je ne puis m'empêcher de dire comme le comte Almaviva dans *Figaro :* où diable a-t-on été le placer ?

— Tiens ! tu connais ton *Beaumarchais*, toi ?

— Je le sais par cœur ; c'est-à-dire *le Barbier de Séville* et *le Mariage de Figaro*. Je t'abandonne tout le reste. Mais j'étais venu chez toi pour te demander si tu voulais m'accompagner jeudi au Château-des-Fleurs : c'est un endroit que je ne connais pas, je ne voudrais pas y aller seul ; mais nous y trouverons M. Roger, ce jeune artiste dont je t'ai parlé. Tu as justement envie de faire sa connaissance. Tu veux probablement lui faire aussi éprouver ta femme.

— Ah ! tu te moques de moi, Boniface ; je te pardonne, mais je ne puis pas aller avec toi jeudi.

— Pourquoi cela ?

— Parce que, pour ce jour-là, j'ai déjà préparé une seconde épreuve. J'ai dit à ma femme que nous irions à Vincennes avec mon neveu. Je les perdrai quelque temps dans le bois.

— Que le diable soit de toi avec tes épreuves !... Ainsi, tu ne veux pas venir avec moi jeudi au Château-des-Fleurs ?

— C'est impossible. Au reste, pour aller dans un jardin public, je ne vois pas que tu aies besoin de quelqu'un, mais mon neveu est peut-être déjà au café où il m'attend ; tu comprends que je suis curieux de savoir ce qu'il va me dire. Au revoir, Boniface, à bientôt.

M. Calvados a quitté son ami, et celui-ci continue son chemin en se disant :

— Est-il possible qu'un homme d'un âge mûr passe son temps à de telles niaiseries ! Je conçois qu'on mette à l'épreuve un pont, une salle de spectacle, un fusil, un cordage, une échelle, mais sa femme ! jamais !... Avec tout cela je n'ai personne pour aller avec moi à ce château, qui est un jardin, et je ne sais pas seulement où il est situé.

Comme M. Boniface se disait cela, un bras se passe sous le sien, et une voix, qui lui est bien connue, lui dit :

— Me voilà, moi ; vous me faites l'effet de chercher quelque chose. Que cherchez-vous, mon cher monsieur Boniface ? est-ce moi, parlez, vous savez que je suis toujours prêt à vous piloter, à vous servir de guide, enfin à vous être agréable le matin comme le soir, la nuit comme le jour.

— Ah ! c'est vous, monsieur Sibille Peloton ! Non, oh ! non ! je ne vous cherchais pas ! je ne vous avais pas revu depuis notre partie en calèche. Je m'en souviens, de cette partie-là... si je n'ai pas été brisé, ce n'est pas votre faute.

— Quoi! vous pensez encore à cela; ce n'est pas ma faute si les chevaux s'emportent.

— Et cette pauvre demoiselle Edelmone! je l'ai rencontrée; elle a encore l'œil tout noir.

— Ça ne lui va pas mal; ça change sa physionomie... convenez, du reste, que nous nous amusions bien, et sans l'événement de la calèche, quelle ravissante journée! Anisette me parle bien souvent de vous; elle me dit : Quand donc me ferez-vous dîner avec ce monsieur si aimable, qui a nom Boniface, et qui en a une si bonne, de face!... c'est un jeu de mot.

— Vraiment, cette demoiselle vous a parlé de moi?

— Elle ne fait que cela; c'est au point même qu'elle a fait une chanson sur vous; elle est pleine d'esprit, cette petite...

— Je serais bien curieux de la connaître, sa chanson...

— C'est sur l'air : *Turlurette!*

— Justement, je connais cet air-là. Vous ne savez pas par cœur quelque couplet?

— J'en savais... ça va me revenir tout à l'heure. Mais que cherchez-vous donc par ici? Ah! je le devine... un photographe.

— Un photographe! Pourquoi faire?

— Parbleu!... pour faire faire votre portrait sur une carte.

— Ah! de ces petits portraits comme j'en ai vu beaucoup. C'est donc la mode?

— C'est-à-dire, mon cher monsieur, qu'un homme qui se respecte ne peut plus sortir de chez lui s'il n'a pas son portrait-carte dans sa poche ; d'abord, c'est de la plus grande utilité.

— Utilité ? et en quoi, s'il vous plaît ?

— En quoi ? vous allez le comprendre tout de suite : Vous sortez de chez vous ; en chemin, vous êtes écrasé par une voiture. Entièrement défiguré, on ne vous reconnaît plus ; on vous fouille, on trouve sur vous votre portrait, on vous reconnaît et on vous porte chez vous.

— On vous reconnaît, quand il y a là des gens de votre connaissance.

— Il y en a toujours dans la foule. Autre exemple d'utilité : Vous vous trouvez dans un rassemblement... quelqu'un a été volé de sa montre ou de sa bourse, on vous arrête avec plusieurs autres ; vous avez beau dire qui vous êtes, on commence par vous emmener au corps de garde ; mais vous envoyez votre carte-portrait chez plusieurs marchands, vos fournisseurs habituels... ils vous reconnaissent, ils s'empressent de venir vous réclamer... Hein ! que dites-vous de cela ?

— Je dis que j'aime mieux ne pas me fourrer dans un rassemblement.

— Mais c'est surtout pour les intrigues galantes près des femmes que ces petits portraits-cartes sont d'un grand secours ; c'est extraordinaire le nombre de conquêtes que, grâce à eux, on parvient à faire.

— Ah ! diable, vous croyez ; et par quel moyen ?

— Il y en a mille. Vous voyez dans un magasin, dans une boutique, une femme qui vous plaît ;

vous lui écrivez une déclaration brûlante que vous lui envoyez en y joignant votre portrait; alors elle voit à qui elle a affaire, et elle vous répond... ou ne vous répond pas. Autre exemple : Vous envoyez un bouquet à une actrice en lui disant : « Je serai ce soir au balcon pour vous claquer. » Vous joignez votre portrait au bouquet, et dès que l'actrice entre en scène, elle vous reconnaît et vous sourit... ou ne vous sourit pas; mais enfin elle vous reconnaît et dit à ses camarades : « Vous voyez ce monsieur qui est au balcon, là-bas, eh bien, il m'a envoyé un bouquet ce matin. » Hein, c'est gentil, ça !

— C'est assez gentil.

— Et les grisettes, les fillettes, les lorettes; la première chose qu'elles vous demandent, c'est votre portrait pour placer dans de petits livres faits exprès pour mettre des collections.

— Vous me donnez presque envie de me faire tirer.

— C'est-à-dire que nous allons tout de suite nous rendre chez un photographe; j'irai avec vous, je ne vous quitterai pas. Quand je rends un service, je ne le fais pas à demi.

— Oh ! y aller tout de suite...

— Mais il le faut; vous ne pouvez pas vivre à Paris sans votre portrait-carte; c'est une lacune dans votre existence, il faut la combler.

— C'est bien ennuyant de poser.

— Poser ? mais on ne pose pas, c'est-à-dire qu'on pose à peine, le temps d'éternuer et c'est fait. D'ailleurs, je poserai pour vous.

— Comment, vous poserez pour moi... pour mon portrait ?

— C'est une façon de parler. Je veux dire que je vous montrerai comment on pose, et le peu de temps qu'il faut pour que cela soit terminé ; je vous ferai des poses charmantes, et vous choisirez; vous direz : Je veux être comme cela.

— Vous ne vous rappelez pas cette chanson ?

— Ça va me revenir chez le photographe... attendez, attendez... ah ! ça commence ainsi :

> Tous les hommes ont des yeux,
> Un nez, des dents, des cheveux.

C'est le commencement du premier couplet, la fin va venir.

— Le commencement est déjà très-bien ; dites-moi donc, jeune Bibille, vous devez connaître le Château-des-Fleurs ?

— Si je le connais !... comme si je l'avais fait ; pourquoi ?

— M. Roger doit s'y trouver jeudi et M. Lucien aussi. J'ai presque promis de m'y rendre ; mais je ne voudrais pas y aller seul.

— Eh bien, est-ce que je ne suis pas là, moi, toujours prêt à vous être agréable ? J'irai vous prendre pour dîner, et de là, je vous pilote au Château-des-Fleurs. Mais avant tout, il faut vous faire photographier.

— Vous croyez que c'est nécessaire ?

— C'est indispensable. Venez de ce côté : il y a un photographe sur le boulevard, ici près.

— Un bon ?

— Pas mauvais ; après cela, si vous voulez aller chez les fameux, mais ce sera plus cher. Avez-vous vu des photographies des frères Bisson !... Ah ! c'est cela qui est beau, qui est magnifique. Vous rendre les gravures les plus parfaites au point que vous ne pouvez plus distinguer la gravure de la photographie .. monter jusqu'au sommet du Mont-Blanc pour y prendre sur le fait les tableaux les plus majestueux, les plus grandioses que puisse nous offrir la nature, voilà ce qu'ils ont fait ! Quand la photographie est poussée à ce point, ce n'est plus une imitation, c'est une création.

— Oh ! je me contenterai d'être fait par le premier photographe venu ; je ne suis pas une célébrité, moi... et puis je ne veux pas mettre beaucoup d'argent à mon portrait.

— Alors, entrons ici. Voilà un tableau qui nous indique que, dans cette maison, nous trouverons notre affaire. Suivez-moi, je vous pilote.

— Tâchez donc de vous rappeler la chanson.

— Elle me reviendra en vous montrant des poses.

On arrive chez le photographe. Ces messieurs sont introduits dans un salon d'attente où il y a déjà du monde.

Mais, pour que son compagnon ne s'ennuie pas, Sibille se met à lui fredonner dans l'oreille :

> Tous les hommes ont des yeux.
> Un nez, des dents, des cheveux...

— Je sais ce commencement. Après ?

—Après... attendez que je cherche... des dents... des cheveux... Ah ! j'y suis.

Tous les hommes ont des yeux,
Un nez, des dents, des cheveux..

— Mais c'est toujours la même chose.
— Chut ! attendez...

Mais qui sourit sans grimace,
Boniface, (bis)
Monsieur Boniface !

— Ah ! c'est fort gentil, cela. Il y a d'autres couplets ?
— Je crois bien ; il y en a quatorze.
— Tâchez de vous souvenir de quelques autres...
— Ça me viendra. Apprenez toujours celui-là par cœur.
— Oh ! je le sais déjà !
— Diable ! quelle mémoire vous avez !

On vient avertir ces messieurs qu'ils peuvent passer dans le sanctuaire de l'artiste. Sibille s'empresse de parler au photographe, et lui dit quelques mots à l'oreille, pendant que M. Triffouille regarde des portraits, des tableaux, et visite un petit livre qui ne contient que des cartes-portraits. Enfin Sibille dit tout haut :

— Voilà mon ami intime qui désire se faire portraiter ; mais auparavant, si vous le voulez bien, je vais lui montrer comment on pose... pour lui donner une idée de la chose. Asseyez-vous, Boniface, et regardez-moi... vous choisirez ensuite celle de mes poses que vous voudrez prendre... et vous verrez combien cela dure peu de temps... monsieur va braquer son instrument devant moi, absolument comme s'il me photographiait.

Le confiant Boniface va s'asseoir dans un fauteuil, d'où il regarde attentivement le jeune négociant qui pose pour son portrait-carte, puis qui, lorsqu'il a posé debout, pose assis, puis pose de profil, puis de trois quarts, et cela dure assez longtemps, quoique M. Triffouille lui dise :

— J'en ai assez vu... je ne ferai jamais tant de poses que cela... une me suffit... ne m'en montrez pas davantage.

Sibille s'étant fait tirer sous quatre poses différentes cède enfin la place à son compagnon, en lui disant :

— Vous voyez ce que c'est; maintenant, laissez monsieur vous poser, et surtout faites un air gracieux.

— Si c'est monsieur qui me pose, ce n'était pas la peine que vous me montrassiez vos poses. Enfin, commençons.

Le photographe fait placer Boniface, et lui appuie la tête contre le petit cercle de fer qui empêche qu'on ne la remue. Mais ce petit morceau de fer gêne notre provincial, qui s'écrie :

— Monsieur, pourquoi me mettez-vous cela derrière la tête ?

— Monsieur, c'est pour vous la maintenir, pour que vous ne puissiez pas la rejeter en arrière.

— Mais cela me gêne beaucoup, cela m'agace,

cela me fait faire la grimace; je vous en prie, ôtez-moi cela, et je vous promets que je ne remuerai pas.

— Oh! monsieur, il m'est impossible de vous accorder cela; malgré vous, votre tête ferait un mouvement, et le portrait serait manqué.

— Allons, monsieur, puisqu'il le faut; mais je vous assure que ce petit morceau de fer que l'on sent derrière sa tête nuit beaucoup à l'expression agréable ou même habituelle que l'on pourrait donner à sa physionomie.

— Mon ami Boniface, pensez à Edelmone, cela vous donnera un air séducteur.

— Oh! non, je ne veux pas penser à cette demoiselle; elle boitait déjà, son œil en compote ne l'embellit pas.

— Ah! j'avais oublié cette circonstance, alors pensez à Anisette.

— J'aime mieux cela.

— Laissez-moi vous donner une jolie pose... à mon idée.

— Puisque monsieur m'a placé.

— Vous pouvez encore changer, ce n'est pas commencé. Tenez, comme ça. Ah! vous êtes très-bien ainsi, pose superbe... Vous avez quelque chose de Coriolan.

— Ne bougez pas, monsieur; nous commençons.

Le portrait de Boniface est bientôt terminé; il ne veut être fait que d'une seule façon. Cependant Sibille a quitté la pièce où l'on pose; mais il revient au bout d'un moment, en s'écriant d'un air très-joyeux :

— Bien venu! très-bien venu tous les quatre; ce sera ravissant!

— Qu'est-ce qui est bien venu? demande Triffouille.

— C'est votre portrait.

— Comment pouvez-vous déjà savoir cela? vous n'avez pas regardé là-dedans.

— J'ai vu votre réverbération.

— Je voudrais bien voir cela aussi, moi.

— Il n'y a plus moyen, c'est trop tard. Allons, payez, mon oncle, et partons.

— Tiens! vous m'appelez votre oncle à présent?

— Il ne veut pas que je l'appelle mon oncle! il est étonnant. Combien en voulez-vous de douzaines, de votre portrait?

— Il me semble que j'en aurai bien assez d'une...

— Mais non, ça vous sera toujours utile; ne lésinez donc pas... trois douzaines pour mon oncle.

— Allons, va pour trois douzaines. Est-ce qu'on va me les donner tout de suite?

— Non, monsieur, c'est impossible; mais dans trois ou quatre jours, on les portera chez vous.

— Il nous en faut pour jeudi d'abord... vous entendez, monsieur le photographe, j'en veux pour jeudi, moi; je viendrai les chercher.

— C'est inutile, dit Boniface, puisque monsieur aura la complaisance de me les envoyer à cette adresse, chez moi.

Le jeune Peloton se retourne pour rire ; puis, reprenant son air sérieux, dit à Boniface :

— A présent, payez et partons.

— Combien vous dois-je, monsieur ?

— Pour le tout ?

— Comment ! le tout ?

— Cela va sans dire ! s'écrie Sibille, c'est mon oncle qui paye le tout.

— Quatre-vingts francs, monsieur.

— Diable ! vous m'aviez dit que ce n'était pas cher, vous ?

— Mais ce n'est pas cher non plus... vous serez superbe... et trois douzaines de fois... Allons, payez et filons.

— Boniface paye en faisant un peu la grimace ; ces messieurs sortent de chez le photographe. Sibille est enchanté ; il se frotte les mains en s'écriant :

— Ah ! je voudrais déjà être à jeudi !

— Quoi ! vous êtes si pressé que cela de voir mon portrait ? moi, je ne le suis pas tant.

— A jeudi, mon cher monsieur Boniface ; nous aurons nos portraits, et je vous réponds que nous ferons des conquêtes.

— Vous aurez donc aussi le vôtre ?

— Assurément. Oh ! il y a longtemps que je me suis fait faire et de plusieurs façons. A jeudi.

— C'est égal, se dit Boniface en rentrant chez lui : quatre-vingts francs pour une seule pose... c'est cher...

XXI

Au Château-des-Fleurs.

Il était neuf heures du soir; la journée avait été magnifique, aussi la foule s'était-elle portée au Château-des-Fleurs. Les jardins publics étant devenus fort rares à Paris, il est naturel que ceux qui restent reçoivent nombreuse société; si celle des jardins où l'on danse n'est pas toujours de premier choix, du moins a-t-elle cet entrain, cette gaieté que l'on aime à rencontrer dans les endroits où l'on va chercher les distractions et le plaisir.

C'est vers ce moment que M. Boniface Triffouille et son pilote, le jeune Sibille, font leur entrée au Château-des-Fleurs. Ces messieurs y arrivent tard, parce qu'ils ont tenu table longtemps; sans être positivement gris, ils ont tous deux cette pointe de gaieté qui dispose à faire mille folies. Déjà pour entrer, Sibille, au lieu de prendre un billet au bureau, a voulu donner son portrait-carte au contrôleur qui n'a pas voulu l'accepter en paiement, et le jeune commerçant a remis le portrait dans sa poche, en s'écriant :

— Vous n'en voulez pas! vous êtes bien difficile, mon cher... eh bien, tant mieux... j'en ai une douzaine sur moi, mais je suis persuadé que je n'en aurai pas assez, il m'en manquera.... Et vous, cher Boniface, avez-vous fait provision de vos miniatures photographiques ?

— Moi ! répond le provincial dont la voix est tant soit peu pâteuse et embarrassée, moi, mais je ne sais pas si j'ai mon portrait sur moi... et d'ailleurs pourquoi faire ici ?

— Il est étonnant, ce cher ami, il ne veut pas comprendre que cela lui servira pour faire une petite connaissance... plus ou moins honnête! fouillez-vous, mon bon, fouillez-vous bien vite... cherchez vos cartes.

M. Boniface cherche dans un volumineux portefeuille qu'il porte toujours sur lui et s'écrie :

— Tiens !... voilà le paquet ! je les ai tous les douze, tels qu'on me les a apportés chez moi.

— Ah! bravo, alors nous sommes des bons; nous allons en faire de ces distributions.

— Oh! permettez, jeune Bibille, je ne veux pas donner comme cela mon portrait à tout le monde.

— Laissez-vous donc guider par moi... je veux que ce soir toutes les femmes vous portent sur leur cœur.

— Toutes ! c'est beaucoup.

— Ou au moins une douzaine.

— Tiens! mais c'est fort gentil, ce jardin... j'aperçois déjà des minois très-chiffonnés.

— Vous verrez bien autre chose de chiffonné !... allons du côté de la danse, je suis sûr que mes conquêtes y sont déjà.

— Il faut aussi que je cherche M. Roger, M. Lucien Bardecourt.

— Pourquoi faire ? Est-ce que vous voulez danser avec eux? est-ce que nous avons besoin de ces messieurs pour nous amuser... d'autant plus que M. Roger n'est pas gai du tout. Je ne lui ai jamais vu casser des chaises, monter sur des tables, envoyer des bouffées de fumée dans le visage de quelqu'un, faire des farces, enfin.

— Permettez... je n'ai point du tout envie de casser des chaises, moi! je ne m'amuse pas non plus comme cela.

— Ah! j'aperçois Fanfinette... et Anisette... et Edelmone... trois infantes auxquelles j'ai manqué de parole l'autre dimanche... mais nous leur ferons prendre du punch à la romaine et elles nous adoreront... En avant, cher Boniface.

— Fort bien, mais je vous préviens que je ne veux pas faire la cour à mademoiselle Edelmone.

— Elle n'a plus l'œil noir.

— C'est possible, mais elle boite toujours.

Pendant que Sibille entraîne Boniface du côté où il a aperçu les trois demoiselles de magasin, Roger, qui était aussi au Château-des-Fleurs, se promenait dans toutes les allées en cherchant le beau Lucien Bardecourt, et il commençait à croire que M. Triffouille avait entendu de travers et que celui qu'il croyait être l'amant de Marie ne devait pas venir au Château-des-Fleurs, lorsqu'en se rapprochant de l'endroit où l'on dansait, il aperçoit la personne qu'il désirait rencontrer.

Lucien donnait le bras à une petite femme aux allures très-vives, à la tournure très-excentrique, de ces tournures qui sont comme une enseigne et vous disent sur-le-champ à qui vous avez affaire.

Le physique était bien tel que Boniface l'avait dépeint, c'était bien en effet mademoiselle Cléopâtre, qui aimait tant les oranges.

Roger s'était trouvé assez souvent avec Lucien pour pouvoir l'aborder, et celui-ci, qui bâillait déjà au bras de sa maîtresse, est enchanté de rencontrer quelqu'un de connaissance.

— Tiens, c'est M. Roger. Ah! vous venez donc aussi dans les endroits où l'on danse, vous?

— Pourquoi pas? d'autant plus qu'on n'est pas obligé d'y danser.

— Oui, mais moi je danse et je veux danser! s'écrie mademoiselle Cléopâtre en lançant un regard sur Roger. Mon petit Lucien, je t'ai prévenu, je ne me contente pas de faire ma tête en regardant danser les autres... merci, ça ne me va pas! Je veux pincer mon quadrille... d'autant plus qu'on le pince un peu bien son quadrille. J'ai fait fureur à Mabille, à Valentino, chez Pilodo.

— Tu as fait fureur partout, je n'en doute pas; mais aujourd'hui je ne suis pas en train de danser... j'ai mal au genou.

— Je m'en fiche, il faut que je danse!

— Je ne t'en empêche pas, ma chère amie, tu sais bien que je ne suis pas jaloux... accepte le premier qui t'invitera.

— Et monsieur ne danse pas?

Cette question s'adressait à Roger, qui répond:

— Je regrette de ne pouvoir vous servir de cavalier. Je suis au reste trop mauvais danseur et je serais indigne de figurer avec vous.

— Ah! qui est-ce qui m'a bâti des hommes comme

ça!... Lucien, lâche-moi le bras... on m'invitera bien plus vite quand je serai seule.

En effet, à peine mademoiselle Cléopâtre a-t-elle fait quelques pas dans l'enceinte où l'on danse, qu'un jeune homme vient l'inviter, et elle va se placer avec lui. Alors Lucien prend une chaise en disant :

— Mettons-nous là, nous verrons danser Cléopâtre ; je vous certifie que cela en vaut la peine... elle fait des pas très-excentriques, elle est fort amusante.

Roger, qui est enchanté de trouver l'occasion de causer en tête-à-tête avec Lucien, s'empresse de prendre une chaise près de lui et dit :

— Elle m'a semblé en effet très-gaie, cette demoiselle Cléopâtre... il n'y a pas longtemps qu'elle est votre maîtresse sans doute ?

— Mais si... déjà assez longtemps... deux mois ! c'est beaucoup pour moi. Je l'aurais quittée déjà si elle n'était pas si drôle.

— Et la... la jeune Marie... la lingère... vous êtes donc brouillé avec elle ?

Lucien regarde Roger d'un air surpris en répondant :

— Marie... la lingère... Comment ! de quelle Marie me parlez-vous ?

— Mais de cette jeune fille qui travaille dans un magasin de lingère, rue de Rivoli... dans la même maison que Thélénie.

— Ah ! oui... oui... la petite Marie, la mélancolique... mais fort jolie personne, ma foi !

Et qui donc vous a dit qu'elle avait été ma maîtresse ?

— Je l'ai entendu dire... est-ce que ce n'est pas vrai? on pourrait s'être trompé.

Lucien semble hésiter un moment, puis il répond, en se dandinant sur sa chaise :

— Non... non! on ne s'est pas trompé, elle a été ma maîtresse... je ne me rappelais pas tout de suite... parce que j'en ai tant connu!... vous comprenez... dans le nombre on s'embrouille.

— Et vous avez donc rompu avec elle, puisque je vous vois aujourdhui avec une autre?

— Ah! mon cher monsieur Roger, ceci ne serait pas une raison; est-ce qu'on n'a qu'une maîtresse? allons donc! ce serait pour mourir d'ennui. Quant à moi, quand je n'en ai pas trois, je ne suis pas au complet; ce qui n'empêche pas encore les *extra*... les bonnes fortunes inattendues... Est-ce que vous n'êtes pas comme moi?

— Ma foi, non; je n'ai jamais eu qu'une seule maîtresse à la fois... je trouve que c'est bien assez... mais il ne faut pas plus disputer sur les goûts que sur les opinions. Alors... vous n'avez pas encore rompu avec cette jeune Marie?

— Non... c'est-à-dire à peu près! cette petite a un caractère triste... qui ne cadre pas avec le mien... c'est pourquoi je la vois fort peu maintenant. Ah! parlez-moi de Cléopâtre!... voilà une gaillarde, une luronne avec laquelle il n'y a pas moyen de s'ennuyer! vingt fois j'ai eu l'intention de la quitter, mais bah! pas possible... elle crie, elle pleure, elle fume, elle jure, elle brise tout...

elle fait des tours de force avec du vin de Champagne. Quittez donc une femme comme celle-là !... elle sera fort difficile à remplacer.

— Mais... cette jeune Marie... vous aimait sincèrement sans doute ? car on la disait sage, et pour vous céder il a fallu qu'elle crût aussi à votre amour.

— Est-ce que nous ne faisons pas accroire aux femmes tout ce que nous voulons !... du moment que nous leur donnons dans l'œil, elles ajoutent foi à tous nos discours, et je crois même que nous leur dirions que nous les trompons, qu'il nous est impossible d'être fidèles, de tenir nos serments, eh bien ! elles nous céderaient également... il faut qu'elles aiment, c'est dans leur tempérament, et entre nous je crois qu'elles préfèrent les mauvais sujets aux amants constants... elles ont raison, l'un est bien plus gai que l'autre : n'êtes-vous pas de mon avis ?

Roger n'écoutait plus Lucien, il pensait à Marie, il éprouvait une peine mêlée de dépit; il ne comprenait pas qu'ayant eu le bonheur de lui plaire, on pût la quitter si légèrement et surtout lui préférer mademoiselle Cléopâtre, dont la danse commençait à attirer tous les regards.

— Bon ! voilà Cléopâtre qui est en train. Voyez, on accourt de toutes parts pour la voir danser... elle a un *balancez* étonnant... elle jette son corps en arrière avec une souplesse merveilleuse. Ah ! bon, on se met devant nous... il faut nous lever, car nous ne voyons plus rien.

Et M. Lucien quitte sa chaise afin de pouvoir

jouir des succès de sa maîtresse ; mais Roger, qui avait appris de lui tout ce qu'il voulait savoir, profite du mouvement que les curieux font devant eux et s'éloigne de la danse pour aller penser à son aise à ce qu'il vient d'apprendre dans une des allées les moins fréquentées du jardin. Là, il peut tout à son aise pousser des soupirs en se disant encore :

— Cette charmante Marie a été sa maîtresse... et ce monsieur se fait gloire de la tromper... de ne plus l'aimer... de ne l'avoir jamais aimée même ! Est-ce que ce garçon-là sait ce que c'est que d'aimer ! c'est un égoïste qui ne pense qu'à lui. Après tout il a raison... oui... en amour il faut être égoïste, et j'ai toujours été un niais, moi, parce que j'aimais réellement, et que je n'avais qu'une maîtresse à la fois ; aussi on m'a trompé, trahi, quitté. Décidément Lucien fait bien... mais j'ai beau vouloir faire comme lui... je n'y parviendrai jamais... le proverbe a bien raison qui dit : Chassez le naturel, il revient au galop. Mon naturel est d'aimer... de désirer l'être... et si j'avais été l'amant de cette charmante Marie... ah ! je ne l'aurais pas trompée !

Pendant que Roger se promenait seul, Sibille avait entraîné Boniface vers un groupe de femmes qui se composait de mesdemoiselles Fanfinette, Anisette, Edelmone et de la jeune Nanine qui, pour sa première sortie de son magasin, était charmée de se trouver avec sa cousine au Château-des-Fleurs qui lui semblait un séjour enchanteur.

En apercevant le jeune Peloton, ces demoiselles commencent à l'accabler d'injures, en s'écriant :

— C'est comme cela que vous nous faites poser !

— Je vous ai attendu dimanche !

— Et moi aussi !

— Et moi aussi !

— Voyez ce petit scélérat, dit Anisette, il nous faisait aller toutes ; monsieur fait la cour à d'autres, il nous fait des traits !

— Il veut faire le sultan !

— Joli pacha !... il lui manque... un sérail.

— Nous devrions vous arracher les yeux !

— Ou vous donner le fouet !

— Ah ! mesdemoiselles, j'aime mieux cela... je m'y prêterai même de bonne grâce, pour peu que cela vous soit agréable !

— Taisez-vous, méchant gamin !

— Dites donc, murmure Boniface à l'oreille de Sibille, est-ce pour vous entendre traiter comme cela que vous étiez si pressé de rejoindre ces demoiselles?

— Laissez donc... tout cela est pour rire : est-ce que je ne les connais pas ? Vous allez être témoin d'un changement à vue, comme à l'Opéra.

Et se tournant vers les demoiselles, Sibille leur dit :

— Je vous avais donné rendez-vous à toutes, c'est vrai... excepté à mademoiselle Nanine cependant ; mais c'était afin de vous offrir à chacune mon portrait ; je pensais que le don de mon image vous serait agréable... mais il n'était pas fait, c'est pourquoi je vous ai manqué de parole... Aujourd'hui j'accourais pour vous l'offrir... avec mon ami Boniface... qui vous offrira aussi le sien... plus un punch à la romaine au son de la musique de ce bal... mais puisque vous êtes si en colère...

— Non ! non ! c'est fini !...

— C'est passé !... nous acceptons le punch...

— Et même les portraits...

— Ah !... je savais bien que j'amollirais votre cœur... Alors, en avant du côté du café... une dame sous chaque bras.

Fanfinette et Edelmone ont pris chacune un bras de Sibille, les deux autres demoiselles s'emparent de ceux de Boniface, qui est enchanté de son lot, et se met à fredonner en regardant Anisette qui est à sa gauche :

> Tous les hommes ont des yeux !...
> Un nez, des dents, des cheveux !...

— Eh ! eh !... vous connaissez cela, n'est-ce pas ?

Anisette regarde Boniface d'un air étonné, en répondant :

— Non, connais pas... Qu'est-ce que c'est que cette chanson-là ?

— Ah ! vous ne la connaissez pas, malicieuse !... Du reste, c'est fort joli... et permettez-moi de vous adresser mes remercîments...

— Des remercîments de quoi ?

— De la chanson.

— Quelle chanson ?

— Mais celle que je vous chantais, et que vous avez eu la bonté de faire pour moi.

— J'ai fait une chanson pour vous, moi !... qui est-ce qui vous a fait cette blague-là ?

— Mais c'est Sibille... Est-ce qu'il m'aurait menti ?

Mademoiselle Anisette hésite un moment, puis elle répond :

— Ah ! si c'est Sibille qui l'a dit, alors c'est différent ; oui, c'est que je l'avais oubliée... mais la chanson est de moi.

— Vous me l'apprendrez, n'est-ce pas ?

— Je vous l'apprendrai quand je m'en souviendrai... Vous ne la savez donc pas ?

— Je ne sais que le premier couplet.

— Eh bien, vous me l'apprendrez, ça me rappellera peut-être les autres.

On est arrivé près du café ; on se place à une table, le punch à la romaine est commandé et, en attendant qu'il arrive, Sibille fouille à sa poche et en tire un énorme paquet de portraits-cartes qu'il présente aux demoiselles en disant :

— Choisissez.

On regarde les cartes et Fanfinette s'écrie :

— Mais c'est toujours vous, tout cela !

— Certainement, moi sous différentes poses ; c'est pour cela que je vous dis : Choisissez ; ils sont tous frappants de ressemblance.

— Oui, malheureusement.

— Vous ne dites pas ce que vous pensez, belle Fanfinette.

— En voilà un où vous avez l'air de danser.

— Justement ; je m'élance, je me tiens sur une pointe.

— Dans celui-ci on ne vous voit qu'un œil.

— Elle est étonnante cette jeune Ninine..... puisque je suis de profil là, comment voulez-vous qu'on me voie les deux yeux ? à moins qu'on n'ait mis le second à la place de l'oreille.

— Oh ! moi, j'aurais fait voir les deux yeux.

— Alors ce ne serait plus un profil.

— Mon petit, s'écrie Anisette, dans celui-ci vous avez l'air d'avoir mal au ventre !

— Ah ! c'est que c'est la dernière pose, ça commençait à me fatiguer.

— C'est bien dommage que vous ne teniez pas du papier à votre main... ça compléterait l'effet.

— Anisette, voilà une plaisanterie qui sent bien son Pantin... on voit que vous êtes née dans ce village odorant.

— Eh bien ! oui, je suis de Pantin et je ne m'en cache pas. Quel mal y a-t-il à cela ?... c'est très-gentil Pantin, il y a de fort belles maisons de campagne par là, et l'air y est très-sain.

— Ça dépend de la manière de le prendre. Voyons, mesdemoiselles, faites votre choix, décidez-vous...

— Je prends celui-ci.

— Moi, celui-là.

— Moi, je prends le petit qui a la colique... c'est le plus drôle.

Sibille distribue ses portraits. On apporte le punch glacé que les demoiselles paraissent regarder avec infiniment plus de plaisir que la figure du petit commis.

Boniface met du punch dans les verres ; lorsqu'il a fini, Sibille lui dit :

— Maintenant, à votre tour, cher ami.

— A mon tour de quoi ?

— De donner votre portrait à ces dames.

— Mon portrait... mais quelle nécessité ?... je ne vois pas en quoi cela pourrait plaire à ces demoiselles...

Les demoiselles de magasin, qui ont beaucoup de considération pour un homme qui paye si volontiers du punch à la romaine, se mettent à répondre en chœur :

— Ah ! si, monsieur... ah ! si !... donnez-nous votre portrait, ça nous fera bien plaisir.

— Mesdemoiselles... c'est différent... du moment que cela peut vous être agréable, je suis très-heureux de vous l'offrir.

Et Boniface sort de sa poche son paquet de cartes, en murmurant :

— Je vous assure que je suis très-embarrassé pour offrir mon portrait.

Mais Sibille s'empare du paquet en s'écriant :

— Donnez-moi donc cela... je vais être le distributeur de vos dons. Voyons d'abord le portrait... Ah ! parfait, parlant... admirable... c'est vous tout craché... Voyez, mes sylphides.

— Oh ! oui... que c'est bien monsieur...

— Son nez surtout ! on dirait qu'il va parler.

— Est-elle bête, cette Anisette !... est-ce que monsieur parle du nez ?

— Vous en êtes une autre, vous, Edelmone, si

vous ne comprenez pas ce que je veux dire. Voyons les autres cartes.

— Oh ! mesdemoiselles, c'est toujours le même, je n'ai pas changé de pose, moi.

— Et vous avez très-bien fait, cela évite la peine de choisir.

Sibille distribue la photographie de Boniface; mais lorsqu'il présente un portrait à Nanine, celle-ci le refuse en disant :

— Merci... Qu'est-ce que vous voulez que je fasse de ça.

Fanfinette lui allonge un coup de coude en lui glissant dans l'oreille :

— Tu es bête comme un pot !

Et le jeune Peloton met les cartes dans sa poche, en disant :

— Tant mieux, il en restera davantage et nous n'en aurons jamais assez.

Boniface Triffouille a été légèrement mortifié par le refus de la jeune Nanine ; mais pour dissimuler cela, il s'empresse de remettre du punch dans les verres, et les jeunes filles le prennent avec délices.

— Mesdemoiselles, dit Peloton, vous mordez au punch glacé ?

— Oui, c'est bien bon !

— Moi, j'adore cela !

— Moi, je n'en avais jamais pris !

— Est-ce que vous n'avez pas encore dansé ?

— Oh ! si fait... mais comprenez-vous un animal qui me fait danser, puis qui m'offre de me rafraîchir ? je lui réponds :

— Mais je suis avec du monde.

— Cela ne fait rien, me dit-il.

— Très-bien ; nous rejoignons ces demoiselles, il nous conduit à une table ; le garçon arrive, il lui commande une chope et cinq verres... Là-dessus, nous nous levons tous les quatre et nous laissons ce monsieur devant sa chope.

— Ah ! il méritait bien cela !... c'est un malheureux qui n'avait que six sous dans sa poche.

— Alors on n'offre pas à une dame de se rafraîchir.

— Il espérait que vous n'accepteriez pas.

Le punch étant pris et payé par Boniface, on se rend à la danse ; ces demoiselles tiennent beaucoup à être invitées, et M. Triffouille n'ose pas se risquer dans un quadrille ; quant à Sibille, après leur avoir promis de les faire danser toutes, il disparaît tout à coup au moment de se mettre en place.

Le jeune négociant venait d'apercevoir une fort jolie blonde qu'il avait déjà rencontrée plusieurs fois dans les endroits publics et à laquelle il avait commencé à faire la cour ; mais les personnes avec qui cette jeune femme était l'avaient toujours empêché de faire plus ample connaissance avec elle. Cette fois elle n'est qu'avec une dame, et Sibille va bien vite l'inviter à danser ; elle accepte ; il a soin de se placer bien loin de l'endroit où il a laissé sa société.

Tout en dansant, Sibille fait l'aimable, le galant ; il ne manque pas de se dire chef d'une maison de commerce et dans une position à devenir incessamment millionnaire. Puis il glisse son portrait dans la ceinture de sa danseuse, qui rit et le laisse faire. Mais un peu avant la fin du quadrille, un orage se déclare et tout à coup la pluie tombe à torrents. Sibille prend sa danseuse sous son bras en lui disant :

— Sauvons-nous ; nous allons prendre une voiture et je vous reconduis chez vous.

— Mais mon amie... cette dame avec laquelle je suis venue...

— Cette dame se fera probablement reconduire de son côté... Dans cette foule qui se sauve, où voulez-vous la chercher ?... et si nous tardons, nous ne trouverons plus de voiture à la porte.

— Alors, tant pis, chacun pour soi... partons.

Sibille entraîne la jolie blonde ; tout le monde courait vers les voitures. Une petite citadine restait encore, notre jeune homme y fait monter sa dame, bien que le cocher lui crie :

— Je suis retenu, monsieur... je suis pris.

— C'est moi qui vous ai retenu.

— Vous ?... Mais il me semble que c'était un grand monsieur...

— C'est que tout à l'heure je me tenais sur mes pointes pour vous parler... Allons, vivement, il y a du pourboire... Place Bréda...

Mais avant qu'il ait eu le temps de refermer la portière, un monsieur arrive avec une dame qu'il veut faire monter dans la voiture.

— Vous voyez bien qu'il y a du monde ! lui crie Sibille.

— Monsieur, j'avais retenu cette voiture, elle

est à moi... vous n'aviez pas le droit de la prendre.

— Vous voyez bien que si, puisque je suis dedans.

— Cocher, ne vous ai-je pas retenu tout à l'heure ?

— Monsieur m'a dit que c'était lui... et comme on n'y voit pas très-clair...

— Monsieur en a menti... descendez bien vite...

— Le plus souvent... je suis dedans... j'y reste... Cocher, en route !

— Cocher ! je vous défends de marcher. Voyons, monsieur, finissons-en... je ne suis pas d'humeur à souffrir qu'on se moque de moi...

— Laissez-nous donc tranquilles. Cocher, en route !

— Vous êtes un polisson... un drôle...

— Vous en êtes un autre...

— Ah ! c'est trop fort... vous me ferez raison de cette offense.

— Quand vous voudrez... depuis l'épingle jusqu'au canon, cela m'est égal... Partez donc, cocher !

— Votre carte, monsieur...

En ce moment, un sergent de ville, entendant qu'on se dispute, s'approche de la voiture en disant :

— Allons, cocher, partez donc : qu'est-ce que vous faites là ?... vous gênez la circulation.

Mais le monsieur s'accroche à la portière en disant à Sibille :

— Votre carte, lâche !... ou je ne quitte pas cette place.

— Tenez, la voilà, sacrebleu ! je vous ai dit que j'étais votre homme... je vous attends demain matin.

Et Sibille donne à ce monsieur une des cartes-portraits de Boniface. Alors ce monsieur lâche la portière et la voiture part au grand trot.

XXII

L'amour est le plus fort.

Roger avait quitté le Château-des-Fleurs sans revoir Lucien ; il n'avait rencontré, au moment de la pluie, que Boniface Triffouille entouré par les quatre demoiselles auxquelles il avait payé du punch et qui se serraient contre lui en criant :

— Oh ! monsieur... trouvez-nous une voiture... un omnibus... n'importe quoi ; mais nous ne vous quittons pas.

— Mais il n'y a plus une seule voiture à la porte, mesdemoiselles...

— Alors entrons au café et prenons quelque chose jusqu'à ce que la pluie cesse.

— Volontiers, mesdemoiselles. Mais où diable est Sibille ?

— C'est un polisson... un gamin... un rat !... il a fui de peur d'être obligé de nous payer une voiture... mais nous ne sortirons jamais avec lui, n'est-ce pas, mesdemoiselles ?

— Non, non, jamais...

— Et quant à son portrait, je sais bien ce que j'en ferai.

— Et moi donc, je le clouerai sur la porte d'un certain endroit.

— Oui, mais les miens, dit Boniface, il les a pris et les a mis dans sa poche... puis il a oublié de me les rendre... de façon que je n'en ai pas un seul.

— Monsieur, il est capable de les vendre en disant que c'est le portrait de lord *Wellington*... Ce Sibille est un bien mauvais sujet.

Roger est rentré chez lui en se disant :

— Je sais tout ce que je voulais savoir : Lucien a été... est peut-être encore l'amant de cette jeune fille qui a l'air si décent, si réservé... qui ne va jamais dans les parties de plaisir avec les autres... fiez-vous donc aux airs honnêtes... je n'ai plus besoin d'en apprendre davantage, et il est fort inutile que je cherche à revoir mademoiselle Marie...

Et le lendemain, un peu avant neuf heures du matin, et au risque de trouver là Thélénie, le jeune artiste frappait à la porte de la chambre où logeaient les trois demoiselles de magasin.

C'est mademoiselle Tontaine, dite Bouci-boula, qui ouvre, tenant dans sa main un œuf dur, qu'elle est en train d'éplucher et de manger en même temps ; elle regarde un moment Roger, puis s'écrie :

— Ah ! c'est M. Chose !... je ne sais plus votre nom, mais je vous ai vu plusieurs fois causant en bas avec Thélénie. C'est vous qui avez remplacé le petit Jules !... Ouf !... les œufs, ça étouffe !...

je suis bête, je mange trop vite... je ne peux jamais me corriger de ça... Vous vouliez parler à Thélénie ? mais vous n'avez donc pas regardé dans le magasin du parfumeur en bas... elle doit y être, à moins qu'on ne l'ait déjà envoyée en commission... Aujourd'hui, contre son ordinaire, elle est descendue de bonne heure, parce qu'hier elle a reçu un fameux savon de la parfumeuse, qui lui a signifié que si elle n'était pas plus matinale, elle lui donnerait son compte... Ah ! je vais boire... de l'eau pure ; c'est peu agréable... mais quand on n'a pas mieux, il faut s'en contenter.

Roger a laissé parler Tontaine sans l'interrompre ; il regardait au fond de la chambre, et il avait aperçu Marie. La petite fleuriste aurait pu parler beaucoup plus longtemps, il aurait toujours eu l'air de l'écouter ; mais mademoiselle Bouci-boula, après avoir été boire un verre d'eau, prend un petit panier et cherche dans la partie de la chambre qui lui appartient, en disant :

— Mon mouchoir... mon mouchoir... où donc l'ai-je fourré ?... Il faut pourtant que je m'en aille, sans quoi j'aurais un savon aussi, moi... Il n'y a que Marie qu'on ne savonne pas, parce qu'elle est le bijou de sa maîtresse... Je ne le trouve pas... Marie, tu n'as pas vu mon mouchoir ?

— Non ; si je l'avais vu, je te le dirais tout de suite.

— Est-ce que je l'aurais laissé hier au soir chez le pâtissier en achetant de la frangipane ?... J'en suis capable... Ah ! le voilà !... je le sens... il est dans ma poche ; c'est un petit pain de seigle qui était dessus, qui m'empêchait de le sentir... Je me sauve... Bonjour, monsieur ; si je rencontre Thélénie, je lui dirai que vous êtes là...

La grosse boulotte est partie, et Roger est toujours debout presque à l'entrée de la chambre.

Marie, qui achevait une broderie et, depuis l'entrée du jeune homme, affectait de ne point lever les yeux de dessus son ouvrage, se décide cependant à relever la tête, en murmurant :

— Monsieur, si vous avez l'attention d'attendre Thélénie, pourquoi ne vous asseyez-vous pas ?

— Je vous remercie, mademoiselle... je voulais en effet... c'est-à-dire... je pourrais bien attendre un peu, mais je craindrais de vous gêner...

— Vous voyez bien, monsieur, que je continue de travailler... par conséquent, vous ne me gênez nullement.

— Mais vous allez bientôt descendre, peut-être ?

— Oh ! non, monsieur, pas avant midi. Madame, qui est en effet très-bonne pour moi, ne veut pas que je descende avant parce que j'ai été un peu malade ces jours-ci... et dans ma chambre je puis boire de la tisane, ce qui ne se pourrait guère dans le magasin.

Roger s'est empressé de prendre une chaise qu'il va placer auprès de Marie, et lui dit en s'asseyant :

— Vous êtes malade ? qu'avez-vous donc ?

— Oh !... presque rien, monsieur... un gros rhume que j'ai attrapé en bas... parce qu'on y est souvent entre deux airs... Cela va déjà mieux... Mais si vous n'avez pas dit à Thélénie que vous viendriez lui parler dans sa chambre, je crois que vous l'attendrez inutilement, elle restera dans son magasin.

— Je vois bien que je vous gêne, mademoiselle, que ma présence vous est désagréable... vous craignez que je ne reste longtemps... mais je vais partir.

Et Roger fait un mouvement comme pour se lever, bien qu'il n'en ait nullement l'intention.

Marie s'écrie :

— Mon Dieu ! monsieur, je ne vous ai pas dit cela pour que vous partiez... il me semble que je ne vous ai jamais témoigné que votre présence me fût désagréable ; j'ai cru devoir vous avertir... voilà tout.

— Pardon... excusez-moi, mademoiselle, je ne sais plus ce que je dis... parce que je n'ose pas toujours dire tout ce que je pense.

— Vous avez tort ; il me semble qu'on doit toujours dire ce que l'on pense.

— Eh bien, tenez, je vais vous l'avouer. Je n'attends pas du tout Thélénie... ce n'est pas elle que je suis venu chercher ici. Je suis monté dans l'espérance de vous voir, vous, vous seule...

— Moi, monsieur... que pouvez-vous donc avoir à me dire ?...

— Oh ! bien des choses... mais je ne sais si j'oserai... je crains de vous fâcher.

— Non, monsieur, je vous promets que je ne me fâcherai pas. Voyons... parlez...

— C'est que... je suis vraiment très-embarrassé...

— Ce que vous avez à me dire est donc bien terrible !

— Ce n'est pas cela... mais... mademoiselle, je suis allé hier au soir au Château-des-Fleurs...

Marie ne peut s'empêcher de rire, en s'écriant :

— Eh quoi ! c'est cela que vous ne saviez comment me dire, et qui vous embarrassait tant !

— Non, ce n'est pas cela. Mais au Château-des-Fleurs j'ai rencontré M. Lucien Bardecourt...

Marie redevient sérieuse... son front se rembrunit et elle répond :

— Eh bien, monsieur, en quoi cela peut-il m'intéresser, que vous ayez rencontré cette personne.

— C'est que M. Lucien n'était pas seul... il avait à son bras une jeune femme qui se nomme Cléopâtre... et qui est sa maîtresse... Lui-même ne le cache pas ?

— Qu'y a-t-il donc d'étonnant à cela ? il me semble que M. Lucien peut bien avoir une maîtresse et la mener au Château-des-Fleurs... n'êtes-vous pas de mon avis ?

Roger a regardé attentivement Marie, et, lorsqu'il a parlé de Cléopâtre, elle n'a paru nullement émue ; l'expression de ses yeux n'a point changé. Il reprend :

— Oui, sans doute ; M. Lucien a le droit de promener cette demoiselle Cléopâtre... mais j'avais cru... j'avais pensé... que cela vous intéressait...

— Moi, monsieur ; et pourquoi cela m'intéresserait-il ?

Roger reste un moment indécis ; enfin il balbutie :

— Alors, c'est donc entièrement fini, vous êtes brouillée tout à fait avec ce Lucien ?

Marie ne répond rien, mais elle porte son mouchoir sur ses yeux et bientôt des sanglots éclatent, tandis qu'elle murmure :

— Mon Dieu ! je suis bien malheureuse ; on aura donc toujours ce soupçon ?...

— Vous pleurez ! et c'est moi qui fais couler vos larmes !... s'écrie Roger... Ah ! pardon, mille fois pardon ! je savais bien que je ne devais pas vous dire cela !

— Ah ! vous ne deviez pas le penser, monsieur !...

— Oh ! c'est malgré moi... mais... je ne sais plus me taire... je ne puis plus vous cacher ce que j'éprouve... Ah ! vous avez bien dû le deviner d'ailleurs... vous avez dû lire dans mes yeux cet amour que vous m'avez inspiré... cet amour qu'en vain j'ai voulu combattre, car je m'étais promis de ne plus aimer... mais, dès le premier jour que je vous vis, je me sentis entraîné vers vous... et si j'ai connu Thélénie, mon Dieu ! ce n'était peut-être que dans l'espoir de vous revoir en revenant chez elle... chez elle avec qui vous logiez ; c'était un moyen pour me retrouver ici... dans cette chambre, et, je vous le jure, c'est à cela d'abord que j'ai pensé.

— Ne me dites pas tout cela, monsieur.

— Oh ! si, je dois vous le dire... vous-même,

tout à l'heure, avez dit qu'il fallait avouer franchement sa pensée.

— Et vous croyez aussi que ce M. Lucien a été mon amant... cela n'est pas, monsieur; je vous jure sur ma vie que cela n'est pas! J'avais rencontré ce Lucien dans la rue de la Pépinière, où ma lingère m'avait envoyée porter plusieurs achats faits par une de ses pratiques ; ce monsieur, qui me poursuit et m'obsède sans cesse, vint me parler et s'obstina à marcher à côté de moi ; en vain je le suppliais de ne point m'accompagner... « La rue est libre, me répondait-il, et vous ne sauriez empêcher que je suive le même chemin que vous. » Tout à coup, en continuant à me parler, quoique je ne lui répondisse point, il prononça un nom... que je ne puis entendre sans émotion... je me sentis défaillir... Je voulais continuer de marcher, mais je ne pouvais plus me soutenir sur mes jambes. C'est alors que ce monsieur m'offrit son bras en me jurant de ne plus me tenir de discours qui m'obsédaient. J'acceptai son bras... il m'était impossible de faire autrement... et je n'avais pas fait vingt pas avec lui, que nous rencontrâmes Fanfinette... Ah ! je pressentis alors tout ce qu'on penserait de moi ! Je ne m'étais pas trompée, Fanfinette alla dire partout que j'étais la maîtresse de M. Lucien parce qu'elle m'avait vue à son bras. Et voilà comment les actions les plus simples, les plus innocentes, peuvent avoir des apparences coupables !

— Je vous crois, Marie, je vous crois, dit Roger, en prenant une main que la jeune fille lui abandonne... Non, vous ne mentez pas... la fausseté n'a point cet accent... mais ce Lucien est un misérable !

— Qu'a-t-il donc fait ?

— Ne le devinez-vous pas ?... il affirme que vous avez été sa maîtresse.

— Oh ! c'est affreux, cela ! il ose dire... Tenez, monsieur Roger, je ne suis qu'une femme, mais mettez-moi en présence de cet homme et je le forcerai à convenir qu'il a menti... Oui... oh ! je suis certaine que, devant moi, il n'osera pas soutenir son infamie...

— Chère Marie, ne vous mettez point en peine de ce Lucien, c'est moi qui me charge de le punir comme il le mérite, s'il ne désavoue pas ce qu'il a osé me dire sur vous.

— Mais alors même qu'il désavouerait, serez-vous entièrement convaincu ? ne penserez-vous pas que c'est la peur qui fait dire à cet homme ce que vous voulez ?... non, non, je veux mieux que cela. Je veux me trouver un jour dans un lieu où vous m'aurez fait savoir que va ce Lucien, en me rencontrant, à coup sûr il viendra me parler... vous serez près de nous sans qu'il s'en doute, vous entendrez tout ce qu'il me dira. Alors, vous ne pourrez plus douter que cet homme a menti en assurant que j'ai été sa maîtresse.

— Si vous le voulez ainsi, chère Marie, je ferai ce que vous désirez. Je saurai facilement un jour à quelle promenade il doit se rendre. Je vous avertirai... alors vous pourrez exécuter votre plan... Mais maintenant, de grâce, dites-moi que vous me permettez de vous aimer, de vous adorer... de vous le dire.

— Ah! monsieur Roger, c'est bien mal à moi de vous écouter... et Thélénie ?

— Je vous ai déjà dit que cette liaison n'était que passagère... que Thélénie elle-même est incapable de constance. Vous devez la connaître aussi bien que moi.

Roger ne peut achever, on ouvre la porte, il n'a que le temps de quitter bien vite la main de Marie, qu'il tenait encore dans la sienne : c'est Thélénie qui entre dans la chambre, et fait une moue très-prononcée en voyant que Roger est assis fort près de Marie. Elle les regarde tous les deux d'un air vexé en disant :

— C'est heureux que Bouci-boula, que je viens de rencontrer dans la cour, m'ait avertie !... sans cela je ne me serais jamais doutée que vous étiez ici, monsieur. Et que faisiez-vous donc là... tout près de Marie ! il paraît que vous avez des choses bien mystérieuses à vous dire, car vous vous parliez dans le nez !

Roger se hâte de quitter sa chaise, en répondant :

— Voyons, Thélénie, est-ce que vous allez encore faire une scène de jalousie ?... vous savez cependant que je ne les aime pas !

— Si je fais des scènes, c'est que depuis quelque temps je m'aperçois bien que vous ne m'aimez guère. Oh ! je ne suis pas de la Saint-Jean ! je ne prends pas des crapauds pour des grenouilles. Je ne dis pas que c'est positivement Marie qui vous plaît... car si j'en étais sûre... je lui arracherais les yeux.

Et la belle brune a fait un mouvement comme pour aller vers Marie ; celle-ci ne bouge pas et ne lève pas la tête ; mais Roger s'empresse de retenir Thélénie ; il lui prend le bras et l'entraîne vers la porte en lui disant :

— Allons, calmez-vous, mauvaise tête ; je vous apporte un billet de spectacle, et je demandais à mademoiselle si elle pensait que vous auriez la permission d'y aller.

— Vraiment ! vous avez un billet ? et pour quel théâtre ?

— Pour le théâtre de la Porte-Saint-Martin.

— Ah ! Dieu ! où l'on donne *le Pied de mouton* que j'ai tant envie de voir... que tout Paris a vu... dont tout le monde parle. Ah ! que vous êtes gentil... et moi qui le grondais... embrassez-moi bien vite !

— Non, je vous en veux à mon tour.

— Je vous dis de m'embrasser... je n'aime pas rester fâchée, moi... Marie, dis-lui donc de m'embrasser, à ce vilain-là qui veut me bouder à présent.

Marie fait une singulière mine en balbutiant :

— Mais il me semble que cela ne me regarde pas.

Pour mettre fin à ce débat, Roger se hâte de déposer un baiser sur le front de Thélénie qui s'écrie :

— Tiens, il m'embrasse à présent comme s'il était mon parrain ! C'est égal, descendons bien vite que je demande à madame si elle veut me permettre d'aller ce soir au spectacle... elle est capable de n'y consentir qu'à condition de profiter de mon billet et d'y venir avec moi.

— Eh bien, vous irez ensemble... descendons. Mademoiselle, je vous présente mes hommages.

— C'est bien ! c'est bien !... ses hommages à Marie... est-il cérémonieux ! Allons, passez devant, beau monsieur.

Et Thélénie pousse Roger dehors et sort après lui.

III

Au pied du mur.

Le lendemain de son entrevue avec Marie, Roger, tout en travaillant dans son atelier, rêvait au moyen d'attirer le beau Lucien Bardecourt dans un endroit où la jeune fille pourrait le rencontrer et avoir un entretien avec lui, entretien que lui, Roger, serait à portée d'entendre sans que ce monsieur s'en doutât.

Le jeune artiste ne soupçonnait plus Marie, il était persuadé qu'elle lui avait dit la vérité en lui jurant qu'elle n'avait pas été la maîtresse de Lucien, mais il comprenait aussi que cette jeune fille voulait que cette vérité fût prouvée d'une manière irrécusable, et l'idée qui lui était venue était la meilleure, puisque celui qui l'avait calomniée prouverait lui-même qu'il avait menti, en renouvelant près d'elle ses tentatives de séduction.

Roger voudrait bien aussi en finir avec Thélénie, car il lui est pénible de feindre encore avec elle et d'exposer Marie à ses accès de jalousie ; il sait bien qu'une fois leur liaison rompue, la belle brune aura vite fait une autre connaissance et ne songera plus à lui. Mais rompre et briser une chaîne est souvent plus difficile que de la former. La veille, Thélénie a été forcée de partager son billet de spectacle avec la maîtresse de son magasin. Mais Roger avait promis d'aller l'attendre à la sortie, et il n'a pas manqué de n'en rien faire.

Madame de Beauvert, en entrant dans l'atelier, vient donner un autre cours aux pensées de Roger.

Paola va se placer devant le jeune artiste et lui fait un sourire charmant, en disant :

— Me voilà, monsieur ; je gage que vous ne m'attendiez pas ?

— Madame... en effet... j'ignorais si vous viendriez aujourd'hui ; mais je n'en suis pas moins à vos ordres.

— Vous étiez en train de travailler ?

— Oh ! je travaille toujours, moi !

— Mais si ce que vous faites là est pressé, continuez... je ne le suis pas, moi, j'attendrai... en causant avec vous... j'aime autant cela que poser.

Et cette dame prend un siége et s'installe près du jeune homme.

Roger, qui aime autant en finir avec cette dame, va chercher le portrait commencé, et le place devant lui en disant :

— Moi, madame, je ne veux pas abuser de votre complaisance et de vos moments, et puisque vous avez pris la peine de monter ici, je vais sur-le-champ vous donner séance.

Paola soupire légèrement, en murmurant :

— Pris la peine !... mais si ce n'est pas une peine... si c'est un plaisir pour moi de venir vous voir... est-ce que vous en êtes fâché ?

— Ah ! madame, en vérité vous êtes trop bonne... Je ne sais comment vous remercier... Je vois que vous aimez les arts, que vous protégez les artistes... c'est bien, cela.

La belle dame fait un mouvement d'impatience, en répondant :

— Je me fiche pas mal des arts et des artistes... je n'y connais rien aux arts... je n'ai jamais pu parvenir à jouer *Malbrouck* sur le piano... Si je monte ici, ce n'est pas du tout par amour pour la peinture et le dessin.

— Alors c'est pour avoir votre portrait... désir bien naturel quand on a vos traits, madame !

Paola piétine et frappe de sa main sur son genou en disant :

— Ah ! que vous m'impatientez... que vous m'agacez... que vous me faites damner !... Vous le savez très-bien pourquoi je monte... vous faites semblant de ne le point deviner ; mais vous ne me ferez pas croire que vous êtes un niais... un innocent qui ne connaît pas les femmes... qui ne sait pas lire dans leur cœur...

— Moi ! savoir lire dans le cœur d'une femme !... oh ! vous me croyez donc plus savant que *Caton*, que *Juvénal*, que *Tertullien*, que...

— Assez ! assez !... est-ce que je connais tous ces messieurs-là ?

— Madame, permettez-moi de vous faire reprendre la pose que vous avez adoptée l'autre jour...

— Eh bien, soit, monsieur, posez-moi comme vous voudrez, car, quant à moi, je ne me rappelle plus du tout comment j'étais.

Roger place madame de Beauvert ; celle-ci ne se tient jamais tranquille afin que l'artiste soit toujours obligé de retoucher à ses bras ou à sa tête. Il finit par s'impatienter et lui dit :

— Madame, si vous ne voulez garder aucune des positions que je vous donne, nous n'en finirons jamais et je dois renoncer à faire votre portrait.

— O mon Dieu ! monsieur, je vois bien que vous vous fâchez... on se tiendra tranquille... ne vous mettez pas en colère.

— Je ne me mets pas en colère, madame ; mais j'aime à bien employer mon temps, et nous le perdons en ce moment.

— Ah ! vous trouvez que vous perdez votre temps avec moi !... ah ! c'est très-joli !... je ne me serais pas attendu à cela... vous êtes aimable... Allons, monsieur, ne froncez pas le sourcil, je ne bouge plus... vous voyez bien que je ne bouge plus.

Roger est allé se remettre devant son modèle et commence à travailler, lorsque tout à coup Paola regarde au fond et aperçoit le portrait de Thélénie qui n'est plus tourné du côté de la muraille; aussitôt elle s'écrie :

— Ah! encore cette horrible tête ! cette figure que je ne peux pas souffrir... vous l'avez retournée !... pourquoi l'avez-vous retournée ? je l'avais placée comme elle devait être... Vous tenez donc bien à la voir, cette femme !...

— Madame, je n'ai pas des portraits dans mon atelier pour qu'ils soient tournés du côté du mur.. alors ce ne serait pas la peine de les avoir...

— Monsieur, allez retourner ce portrait, je vous en prie... il me gêne, il m'empêche de poser... je vous assure que je vais me trouver mal si je le vois encore.

Roger se lève, en disant :

— Mon Dieu, madame, puisque cela vous empêcherait de poser... je ne veux pas vous contrarier.

Et il va retourner le tableau. Alors Paola s'écrie :

— Ah !... que c'est bien, cela !... que vous êtes gentil !... donnez-moi votre main, ne soyez plus fâché avec moi.

Roger ne peut se dispenser de prendre cette main qu'on lui tend et qui serre la sienne avec force; mais il se dégage et court reprendre sa place, tandis que Paola murmure :

— Que je suis émue !... Ah !... si vous pouviez ne plus l'aimer cette femme !...

— La tête un peu plus tournée à gauche...

— Ah! qu'il m'ennuie!... il ne pense qu'à son ouvrage!... J'espère au moins qu'on nous laissera tranquilles aujourd'hui et que ce gros imbécile de l'autre jour ne va pas revenir.

— Je ne puis pas vous affirmer qu'il ne viendra personne...

— Mais il y a un moyen bien simple : en ôtant la clef qui est à votre porte en dehors, personne ne pourra entrer, et on croira que vous n'y êtes pas.

— Cela ne se peut pas; d'abord le concierge sait fort bien que j'y suis.

— Est-ce qu'on écoute les concierges?

— Ensuite, il me peut venir des clients... des commandes... l'éditeur pour qui je fais des bois...

— Eh bien! tous ces gens-là s'en iront... Otez la clef, mon petit, je vous en prie.

— Je suis fâché d'être obligé de vous refuser... mais j'ai des choses bien importantes à dire à mon éditeur, et je suis bien aise qu'il me trouve, sans cela il croirait que je vais me promener au lieu de faire les bois qu'il me confie... voilà ce que je ne veux pas.

— Ce que vous ne voulez pas!... eh! mon Dieu! c'est d'être seul avec moi... il n'y a pas besoin de prendre tant de détours. Et quand cette femme qui est accrochée là-bas vient ici, je suis bien sûre que vous ne lui dites pas toutes ces raisons, et que vous ôtez bien vite la clef de votre porte. Monstre que vous êtes!... oui, vous êtes un monstre! car vous voyez bien que je vous aime, moi, que vous m'avez tourné la tête !... Pourquoi ! Ah ! par exemple, ce n'est pas parce que vous m'avez fait la cour et que vous avez été galant avec moi... ce serait plutôt le contraire... car les femmes sont si singulières... et puis, moi, je suis lasse d'hommages, de compliments, de fadeurs !... s'entendre toujours dire qu'on vous adore ! c'est si monotone... si ennuyeux ! Avec vous, c'est bien différent ! il faut que ce soit moi qui fasse la cour... qui fasse le rôle de l'amant ! Vous m'y avez forcée, méchant que vous êtes ; car si je monte ici, si je viens vous trouver, c'est que vous avez refusé de venir me voir. Ah ! il faut que vraiment vous m'ayez ensorcelée... et vous en êtes bien fier... vous jouissez maintenant de votre triomphe... Je gage que vous vous étiez dit : « Je la forcerai à s'humilier devant moi, à m'avouer sa faiblesse... » eh bien, soyez satisfait, monsieur, cet aveu je l'ai fait... êtes-vous content ?

Au lieu d'être content, Roger est fort embarrassé, et ce qu'il venait d'entendre ne le rendait nullement fier. Ne sachant que répondre, il tâche de tourner la chose en plaisanterie et dit :

— Savez-vous bien, madame, que c'est charmant tout ce que vous venez de me débiter là... et que si j'étais un fat, je pourrais prendre la chose au sérieux et croire que vraiment j'ai eu le bonheur de vous plaire, d'attendrir votre cœur ! Mais, grâce au ciel, la fatuité ne fut jamais mon défaut... et puis je ne crois pas les choses invraisemblables. Vous, dont tous nos lions, nos gandins briguent un sourire ; vous, qui êtes accablée de déclarations, qui voyez à vos pieds toutes les sommités dans la finance, dans les arts, dans le commerce... vous deviendriez éprise d'un simple artiste, bien modeste, bien inconnu encore! Oh! non, je ne croirai jamais cela! et vous me le répéteriez cent fois que je me dirais : Cette dame joue fort bien la comédie!... elle veut la jouer avec moi, s'engager dans les rôles à grande passion : après tout où est le mal? il faut bien s'amuser un peu.

Paola trépigne des pieds et s'écrie :

— Mais c'est affreux ce que vous me dites là!... mais quel homme êtes-vous donc?... il ne veut pas croire qu'on l'aime, qu'on l'adore!... qu'on éprouve pour lui ce qu'on n'avait jamais éprouvé pour nul autre. Que faut-il donc faire pour vous le persuader? faut-il aller se jeter dans vos bras?... eh bien! monsieur, je vais m'y jeter.

Déjà la belle courtisane s'est levée pour faire ce qu'elle dit, et Roger, tout interdit, ne savait à quel saint se vouer, lorsque la porte de son atelier s'ouvre, et Boniface paraît suivi de son ami Calvados. Paola est retombée sur sa chaise en murmurant :

— Ah! encore cet homme! mais c'est donc une fatalité! Tant pis! je ne m'en vais pas cette fois.

Roger respire et se dit:

— Je l'échappe belle! décidément M. Boniface est mon bon génie.

— C'est moi, s'écrie le provincial, c'est encore moi qui viens vous voir travailler, parce que vous m'avez dit que cela ne vous dérangeait pas. Madame, j'ai bien l'honneur... C'est madame que j'ai déjà eu le plaisir de rencontrer ici... je crois ?

Paola ne répond pas au salut de Boniface, elle fronce le sourcil, si elle osait elle lui tirerait la langue. Mais celui-ci continue :

— Je ne suis pas seul... j'ai pris la liberté de vous amener mon ami... dont je vous ai souvent parlé, et qui désirait tant faire votre connaissance.

— Vous avez fort bien fait, mon cher monsieur Boniface. Monsieur, avancez donc, je vous en prie... et excusez-moi si je ne me lève pas.

Calvados était resté un peu à l'entrée de l'atelier. Madame de Beauvert était assise de façon à tourner le dos à la porte, si bien que les personnes qui entraient ne pouvaient voir sa figure, à moins d'aller se mettre tout près de Roger. L'ami de Boniface s'avance en saluant l'artiste et cette dame, qu'il ne voit encore que par derrière.

— Monsieur... je me présente sous les auspices de mon ami Triffouille... j'ai vu beaucoup de vos bois dans les illustrations... c'est charmant ! bien dessiné, bien composé.

— Vous êtes trop indulgent, monsieur.

— Non, je ne fais au reste que répéter tout ce que le monde dit. Je suis heureux de connaître l'auteur de tant de dessins ravissants. Mais vous travaillez, et je me demande si Boniface n'abuse pas de votre bonté en venant ainsi vous troubler.

— Nullement, monsieur. Si pour entrer dans mon atelier, on attendait que je fusse à rien faire on viendrait bien rarement me voir, et cela me priverait.

Pendant que Calvados parlait, madame de Beauvert a paru éprouver comme un trouble subit, elle a un petit peu tourné la tête pour apercevoir ce monsieur, puis elle l'a détournée bien vite, parce que de son côté Calvados, grand amateur du beau sexe, cherchait déjà à voir cette dame dont on faisait le portrait.

— Tu vois, mon cher ami, que je ne t'ai pas trompé, dit Boniface ; M. Roger n'est pas comme le greffier de Vaugirard, qui, dit la chronique, ne pouvait pas écrire quand on le regardait. Moi, j'avoue que j'ai quelque chose de ce greffier-là. Quand j'ai à travailler, n'importe à quoi... et qu'on me regarde... c'est fini, je ne peux plus continuer.

— Il serait fâcheux, répond M. Calvados, en avançant encore pour tâcher d'apercevoir les traits de la dame qui pose, très-fâcheux que monsieur ne continuât pas ce qu'il fait en ce moment... car tout le monde y perdrait.

— Toujours galant, Calvados. Oh ! c'est un admirateur du beau sexe... aussi a-t-il épousé une fort jolie femme.

En entendant prononcer le nom de Calvados, madame de Beauvert a tressauté sur son siége, et elle tourne encore plus sa tête pour que ce monsieur ne la voie pas en face, mais Roger lui dit :

— Pardon, ma belle voisine, mais vous tournez beaucoup trop votre tête à droite. Je ne vous vois plus qu'en profil.

— Eh bien, faites-moi de profil, répond Paola d'une voix saccadée.

— Mais, madame, puisque je vous ai commencée de trois quarts, je ne puis plus vous faire de profil... ou alors tout serait à refaire.

— Eh bien... je suis fatiguée... je ne pose plus aujourd'hui.

En disant ces mots, cette dame s'est levée vivement et voudrait s'en aller sans passer devant les deux messieurs qui viennent d'arriver, mais elle a beau se chercher un chemin, des chevalets, des bustes en plâtre, des cartons amoncelés sur des chaises lui barrent le passage. Calvados, qui voit l'embarras de cette dame, s'empresse de déranger quelques chaises et court lui offrir sa main, en lui disant :

— Permettez-moi, madame, de vous frayer une route, car dans un atelier, il y a souvent des choses précieuses qu'il faut prendre garde de déranger.

Paola n'ose pas refuser cette main qu'on lui présente. Calvados peut alors voir la figure de cette dame et il paraît tout surpris, tout ému, puis en conduisant Paola jusqu'à la porte, murmure :

— Mais il me semble que j'ai déjà eu le plaisir de voir madame... je ne me rappelle plus où... cependant... attendez.

Avant qu'il ait achevé sa phrase, la belle dame est partie en refermant brusquement la porte de l'atelier et sans avoir répondu un seul mot à Calvados.

— Décidément nous avons fait fuir cette dame, dit Boniface, et j'en suis désolé.

— Et moi, je suis enchanté que vous soyez venus faire cesser notre tête-à-tête ! s'écrie Roger ; vous savez bien, mon cher monsieur Triffouille, ce que je vous ai déjà dit à ce sujet. Mais à quoi donc rêve votre ami, M. Calvados ? la vue de ma voisine a paru l'émotionner. Est-ce que vous la connaissez? cela n'aurait rien de surprenant... c'est une dame très-répandue dans le monde.

— Si je la connais ! s'écrie Calvados en se frappant le front, eh parbleu ! c'est elle, j'en suis certain à présent, oui, c'est elle... c'est Lucette !

— Lucette !... quoi, mon élégante voisine, madame de Beauvert, serait tout bonnement Lucette ? Oh ! cela ne m'étonne pas du tout, monsieur Calvados, car ces dames-là prennent ordinairement des noms pompeux auxquels elles n'ont aucun droit... et je crois que ma voisine a dû en changer souvent.

— Voyons, Calvados, ne te trompes-tu pas ? une belle dame... si parfumée, qui a des manières si grand genre... serait tout simplement une Lucette ? mais d'abord qu'est-ce que c'est que Lucette ?

— Ah ! oui, monsieur Calvados, si ce n'est pas une indiscrétion, contez-nous cela.

— Volontiers, messieurs, parbleu, entre hommes, on peut bien se conter ses petites fredaines de jeunesse... et d'ailleurs ma femme elle-même sait bien qu'elle n'a pas épousé un novice.

— Asseyez-vous, messieurs. Monsieur Calvados, nous vous écoutons.

« Lucette était, à dix-sept ans, une simple brunisseuse, mais elle était extrêmement jolie...

d'après ce qu'elle est encore aujourd'hui, vous devez juger ce qu'elle devait être dans tout l'éclat de son printemps et de sa fraîcheur. Je fis sa connaissance dans un petit bal champêtre aux environs de Paris, elle me permit de la reconduire... bref, je fus son amant ; elle prétendit que j'étais le premier et que je l'avais séduite ; j'étais alors assez joli garçon pour faire la conquête d'une jeune fille, cependant je suis persuadé que je n'avais pas eu son premier amour. Notre liaison dura assez longtemps, mais je m'aperçus que mademoiselle Lucette me faisait ce qu'on appelle des traits... ou, si vous aimez mieux, qu'elle ne m'était pas fidèle. Sans vouloir en acquérir la preuve et lui faire des scènes, je cessai de la voir. Il y avait trois mois que j'avais rompu avec elle, lorsqu'un beau matin elle vint chez moi me dire : « Je suis enceinte, j'espère que vous aurez soin de votre enfant ! » Je lui répondis : « Ma chère amie, j'ai peut-être fait les oreilles à cet enfant-là, c'est possible ! mais à coup sûr d'autres y ont travaillé... car depuis longtemps je ne possédais pas seul vos bonnes grâces. Quand une fille dans votre position veut que l'homme qu'elle a connu s'y intéresse, il faudrait d'abord qu'elle eût avec lui conservé une conduite sage et n'eût pas été courir avec d'autres. Je ne ferai donc rien pour votre poupon. » Mademoiselle Lucette me traita de canaille et s'en alla en cassant ma cuvette. Quelques mois après, j'appris qu'elle avait mis au monde une fille ; comme Lucette pouvait être gênée, et qu'après tout il faut se montrer obligeant pour les femmes qui ont eu l'air de vous aimer, je lui envoyai cinq cents francs avec mes compliments. Elle prit mes cinq cents francs et dit à mon commissionnaire : Celui qui vous envoie est un imbécile, ne manquez pas de lui dire que je lui défends de jamais se représenter chez moi.

— Bon, me dis-je, cela t'apprendra à envoyer cinq cents francs à une bambocheuse qui s'est toujours moquée de toi. Le temps s'écoula : je rencontrai quelquefois mademoiselle Lucette à la promenade ou au spectacle ; mais déjà elle était mise avec une élégance qui m'annonçait qu'elle ne devait plus exercer son état de brunisseuse, et elle me regardait d'un air dédaigneux, impertinent, qui me faisait rire et pitié ; au spectacle elle était toujours placée aux avant-scènes ; aux Champs-Élysées, elle trônait dans une calèche, et c'était rarement avec le même cavalier que je la voyais. De tout cela je dus conclure ce qui probablement est arrivé : que mademoiselle Lucette, la modeste brunisseuse, était devenue une lorette à la mode. Elle a changé de nom... c'est tout simple... c'est la première chose que font ces femmes qui changent de nom comme de robes et ne se gênent point pour se donner même quelquefois les titres de noblesse, auxquels on ne croit guère dès qu'on les entend parler. Lucette a-t-elle fait fortune ? je l'ignore, mais je le désire pour elle, car je ne lui en veux pas, moi, bien que tout à l'heure elle ait encore fait la grimace en me reconnaissant, mais il y avait au moins douze ans que je l'avais perdue de vue, et quoiqu'elle soit encore assez bien... ah !

il m'a fallu rassembler tous mes souvenirs pour retrouver dans cette dame élégante ma jolie brunisseuse d'autrefois. »

— Quelle aventure étonnante ! s'écrie Boniface, cette belle dame a été brunisseuse !

— Mais, mon cher monsieur Boniface, cette histoire est au contraire fort commune et toute naturelle, dit Roger ; c'est ce qui arrive si souvent aux jeunes ouvrières jolies et qui pour le plaisir abandonnent le travail. Quelques-unes, comme celle qui sort d'ici, arrivent à la fortune, ou du moins à mener le train des personnes riches ; mais la plus grande partie de ces dames n'ayant aucun ordre, ne s'inquiètent pas de l'avenir, dissipent tout ce qu'on leur donne, font des dettes, et, quand les amoureux disparaissent avec leur beauté, tombent dans la misère où elles inspirent rarement la pitié, parce qu'on se rappelle le luxe insolent qu'elles ont étalé, la vie folle qu'elles ont menée au temps de leur prospérité.

— C'est bien cela, dit Calvados, monsieur connaît parfaitement ces dames ! c'est bien là la marche qu'elles suivent ! Et vous dites que Lucette se fait appeler maintenant...

— Madame de Beauvert.

— Madame de !... Je suis surpris qu'elle n'ajoute pas à cela : la comtesse ou la baronne... mais cela viendra. Et c'est votre voisine ?

— Elle demeure dans cette maison, occupe un superbe appartement au premier.

— Allons, je vois qu'elle est au pinacle maintenant ! mais gare la dégringolade.

— Et cette enfant, cette fille qu'elle a eue, savez-vous ce qu'elle est devenue ?

— Ah ! oui, dit Boniface, cette enfant dont on voulait te faire les honneurs ?

— Ma foi, messieurs, vous m'en demandez trop... en envoyant cinq cents francs à Lucette, je lui donnais bien de quoi payer pendant deux ans les mois de nourrice de son enfant ! J'ignore si elle l'a fait... franchement je ne m'en suis pas occupé, parce que je n'ai jamais cru être le père de cette enfant et je me suis rappelé cet axiome : Dans le doute, abstiens-toi ! Mais je suis vraiment fâché, monsieur Roger, pour la première fois que je viens chez vous, d'avoir été la cause bien involontaire de la fuite d'une personne dont vous faisiez le portrait.

— Ne vous excusez pas, monsieur Calvados, je suis au contraire enchanté que votre rencontre avec mon élégante voisine ait eu lieu dans mon atelier... car je pense que cela pourra ôter à madame Lucette l'envie de monter si souvent ici.

— Et elle vous ennuie... c'est pourtant une fort jolie femme... et qui ne paraît pas avoir plus de trente-trois à trente-quatre ans, bien qu'elle frise la quarantaine.

— Je ne dis pas le contraire... mais je n'en serai jamais amoureux !

— Et toi, Calvados, il me semble que la vue de ton ancienne maîtresse t'a ému ?

— Surpris... étonné, oui... mais ému... oh ! non... d'ailleurs je ne pense plus qu'à ma femme...

que je chéris plus que jamais maintenant, depuis que je suis sûr de mon fait.

— De quoi es-tu sûr ?

— De la sagesse d'Éléonore.

— Ah ! l'épreuve avec ton neveu a donc eu un résultat satisfaisant ?

— Magnifique, mon cher ! mon jeune officier a mené la chose au pas de charge, et il est revenu un matin me dire :

— Ma tante est furieuse contre moi, je lui ai dit que je l'adorais... elle me défend de me représenter devant elle... elle m'a presque chassé !

Moi, je riais comme un fou. Alors j'ai rassuré mon neveu, je lui ai dit :

— Sois tranquille, je vais faire ta paix avec ma femme.

En effet, je suis allé trouver Éléonore, je lui ai avoué que mon neveu n'avait agi que par mes ordres, que c'était encore une épreuve... mais je lui ai juré que ce serait la dernière. Ma femme s'est d'abord fâchée contre moi... j'ai eu beaucoup de peine à la ramener. Enfin elle m'a pardonné, et elle a été la première à me dire qu'elle n'en voulait plus à mon neveu. Ce pauvre garçon a été enchanté de cela... il est revenu bien vite à la maison, et il y vient tous les jours, et ma femme veut qu'il dîne chez nous... et il lui sert de cavalier quand elle veut se promener et que je n'ai pas le temps de l'accompagner... et il fait le soir sa partie de bésigue quand je suis obligé de sortir.

— Et tu es sûr de ton affaire ?

— Oui, mon bon Boniface, je le dis hautement devant M. Roger, j'ai éprouvé la vertu de ma femme. C'était hardi... c'était imprudent peut-être... mais j'ai été plus heureux que sage. De cinq épreuves mon épouse est sortie victorieuse ; mais la dernière est surtout concluante, parce que mon neveu, qui est officier, est fort joli garçon et très-aimable. Aussi c'est bien fini. Je m'en tiens là, je suis sûr de mon fait.

— Je vous en fais mon compliment, dit Roger en accompagnant ces mots d'un sourire tant soit peu railleur.

Et les deux visiteurs, après avoir encore causé quelque temps, prennent congé de l'artiste.

XIV

Une femme qui a ses nerfs.

Roger est enchanté que Boniface lui ait amené son ami Calvados, et que celui-ci ait rencontré chez lui madame de Beauvert, ci-devant Lucette ; il ne doute pas que la crainte de retrouver ce monsieur dans son atelier n'empêche cette dame de venir le voir, et après l'aveu qu'elle lui a fait, il sent qu'il sera très-gauche lorsqu'il se retrouvera avec elle, non pas qu'il se sente disposé à être touché de l'amour qu'elle prétend éprouver pour lui, mais parce qu'elle a une manière de vouloir vous convaincre qui met les gens dans une position très-embarrassante.

En effet, Paola est redescendue chez elle dans un état d'irritation qui frise l'attaque de nerfs ; en entrant dans son salon, elle repousse si brusquement sa femme de chambre, que mademoiselle Léontine, qui voulait avertir sa maîtresse que le riche entrepreneur l'attendait, tombe sur une chaise placée tout contre un buffet, auquel elle donne une telle secousse, que plusieurs pièces de porcelaine placées dessus sont renversées et se brisent sur le parquet.

Au bruit que produit la porcelaine qui se brise, M. Bernouillet passe sa tête joufflue et bête hors de la porte du salon ; mais justement alors Paola s'y précipitait, et ce monsieur est repoussé et renversé comme la femme de chambre. Tout cela semble fort peu inquiéter Paola qui va se jeter sur une dormeuse, en s'écriant :

— Ah ! quelle fichue rencontre ! faut-il que j'aie du guignon ! Ah ! je suis furieuse, je voudrais briser quelque chose !

M. Bernouillet, qui ne se relève pas facilement parce que son ventre et ses douleurs rhumatismales s'y opposent, s'assoit comme un Turc sur le tapis dont heureusement pour lui le parquet est recouvert, en disant :

— Ah ! vous avez envie de briser quelque chose... mais il me semble que vous y avez bien réussi ; toutes les porcelaines qui paraient votre buffet sont à terre. Qu'est-ce que vous avez donc aujourd'hui, ma belle amie ? vous faites tomber tout le monde ! moi ! votre femme de chambre

— Comment ! vous êtes tombé ?

— Vous ne vous en étiez pas encore aperçue !

— Et comment donc avez-vous fait pour tomber ?

— Ah ! voilà qui est joli ! c'est vous qui m'avez jeté par terre.

— Je vous ai jeté par terre, moi ! ah ! par exemple !... est-ce que j'aurais eu la force, quand bien même je le voudrais, de renverser une masse comme vous.

— Une masse ! vous m'avez très-bien renversé en vous jetant brusquement sur la porte du salon... et j'étais derrière.

— Si vous ne savez pas vous tenir sur vos jambes, est-ce ma faute à moi ? je vous trouve encore bien singulier de me dire cela.

— Je ne prétends pas que ce soit tout à fait de votre faute ; mais vous avez aussi fait tomber Léontine.

— Allons, bon ! j'ai fait tomber ma femme de chambre à présent.

— C'est-à-dire... elle n'est tombée que sur une chaise, mais elle a cogné le buffet, ce qui a renversé et brisé les porcelaines.

— Taisez-vous, monsieur, taisez-vous, vous ne savez ce que vous dites... vous radotez.

— Comment ! je radote...

— Vous voyez bien que je souffre... que j'ai mes nerfs... et vous venez me dire que je vous ai jeté par terre... que j'ai renversé ma femme de chambre... brisé quelques vases... et quand cela serait !... voyez donc le beau malheur !... si je veux renverser, briser, mettre tout le monde à la porte... est-ce que je n'en ai pas le droit ?... est-ce que je ne suis pas la maîtresse chez moi ?

M. Bernouillet, qui est parvenu à se relever, s'approche doucement de Paola, et tâche de faire une petite voix flûtée, en lui disant :

— Allons, ma toute belle, ne vous emportez pas... vous savez bien que la colère vous rend malade.

— Alors, monsieur, si vous savez que la colère me fait du mal, pourquoi vous appliquez-vous à me contrarier... à m'agacer... à me tourmenter... pour quelques misérables vases de porcelaine qui se sont brisés ?... vous en achèterez d'autres, voilà tout !

— Oui, certainement, je vous en achèterai de plus beaux même.

— Ce n'est donc pas la peine de me reprocher cela.

— Je ne vous ai point fait de reproches, ma toute belle.

— Si, monsieur, vous m'en avez fait ; et dire que je vous ai jeté par terre.

— J'ai eu tort.

— Que je vous ai poussé.

— C'est la porte seulement qui m'a poussé ; oubliez tout cela.

— Demandez-moi pardon d'abord ; je ne pardonne pas vite, moi !

— Eh bien, oui, chère amie, je vous demande

pardon de... ce que vous m'avez fait... de ce que je me suis jeté par terre.

— A la bonne heure. Ah ! je suis trop bonne... je vous pardonne. Donnez-moi Cocotte.

M. Bernouillet, après avoir baisé la main que sa maîtresse a bien voulu lui donner, va chercher l'oiseau chéri qui était sur son perchoir et qui, lorsqu'il le prend, ne manque pas de s'écrier :

— Ah ! qu'il m'embête, celui-là !

Ce qui ramène le sourire sur les traits de la belle dame qui prend sa perruche et lui baise tendrement la tête, en lui disant :

— Ah ! tu es ma fidèle amie, toi !... tu ne me fais jamais de chagrin, toi !... tu fais ce que tu peux pour me distraire, toi !... aussi je t'aime !... je t'aime !...

— Prenez garde, belle dame, murmure M. Bernouillet, vous confiez votre délicieuse figure à ces oiseaux, et ils sont traîtres quelquefois.

— Non, monsieur... non ; il n'y a que les hommes de traîtres !... de scélérats !... d'infâmes !... mais les perruches sont des amours...

— J'espère, ma belle, que vous ne me rangez pas parmi les traîtres et les scélérats?...

— Vous !... eh ! mon Dieu, vous ne valez pas mieux que les autres.

— Décidément, vous avez des idées noires aujourd'hui.

— Eh bien, monsieur, procurez-moi des distractions. Votre calèche est-elle en bas ?

— Oui, sans doute ; car je voulais vous proposer une promenade au bois.

— Je ne veux pas aller au bois... toujours le bois avec vous... c'est monotone.... je veux courir les boutiques, les magasins. J'ai beaucoup d'emplettes à faire... j'ai besoin de dépenser de l'argent, il n'y a que cela qui puisse me distraire!... Votre portefeuille est bien garni, j'espère ?

— Toujours, belle dame, toujours ; quand je vais voir les dames, je ne suis pas homme à me faire prendre au dépourvu.

— C'est bien... je veux acheter un châle nouveau... quelques soieries... quelques bijoux... enfin je verrai!... Léontine ! Léontine !...

La femme de chambre, qui est tombée un peu rudement sur la chaise et s'est cognée la tête contre le buffet, arrive en faisant une moue très-prononcée, et dit d'un air d'humeur :

— Que veut madame ?

— Mon chapeau, mon châle... Allons, dépêchez-vous !

— Je ne puis pas aller plus vite, madame.

— Qu'est-ce que c'est que cette manière de me répondre, mademoiselle ?

— Ah ! si madame n'est pas contente, elle n'a qu'à me donner mon compte ; je ne tiens pas à rester chez quelqu'un qui vous bouscule... au point que je me suis fait une bosse à la tête contre le buffet.

Madame de Beauvert, qui est infiniment plus douce avec sa femme de chambre qu'avec son entrepreneur, prend un joli bonnet garni de dentelles qu'elle n'a encore porté que deux fois, et le jette à mademoiselle Léontine en lui disant :

— Allons, taisez-vous, mauvaise tête, et prenez cela, je vous en fais cadeau.

La camériste redevient charmante ; elle ne songe plus à sa bosse au front et s'écrie :

— Pour moi, ce joli bonnet !... ah ! que madame est bonne !... ah ! que je suis contente !... Je le mettrai dimanche.

— C'est bien, c'est bien... donnez-moi mon chapeau... et vous, monsieur, remettez Cocotte sur son perchoir.

M. Bernouillet n'est jamais enchanté quand il faut qu'il prenne l'oiseau dont il a peur ; cependant il avance son bras sur lequel Cocotte va se placer en lui disant :

— Ah ! c'te tête !...

Ce qui fait encore rire Paola, qui regarde Léontine en murmurant :

— Est-elle drôle ! est-elle amusante !... je ne la donnerais pas pour mille écus.

Enfin madame est prête ; elle descend avec M. Bernouillet, non sans lever la tête plusieurs fois pour regarder dans le haut de l'escalier ; et cela recommence si souvent que le gros entrepreneur lui dit :

— Vous avez oublié quelque chose, belle amie ?

— Non, monsieur, je n'ai rien oublié ; pourquoi me faites-vous cette question ?

— C'est que je vous vois regarder en l'air.

— Eh bien, est-ce que je ne pourrai pas regarder où je voudrai maintenant sans que vous cherchiez à savoir pourquoi ? En vérité, cela devient trop fort ! vous tourneriez au tyran si je n'y prenais garde.

— Oh ! par exemple !... ma toute belle !...

— Assez ! pas un mot de plus ou je ne sors pas avec vous.

M. Bernouillet se tait en se disant :

— Elle a ses nerfs... certainement elle en souffre aujourd'hui, ne la contrarions pas... cela se passera.

On monte en calèche. Madame a une robe que sa crinoline gonfle tellement, qu'il faut qu'elle ait pour elle seule le fond de la calèche, et M. Bernouillet est obligé de se mettre sur le devant. Il essaie de nouer un entretien agréable, et selon son habitude parle du temps qu'il fait, de ses douleurs rhumatismales, et de ce qu'il a mangé à son déjeuner. Mais la belle dame ne l'écoute pas, elle est enfoncée dans ses réflexions et s'écrie tout à coup :

— M'aimera-t-il ?... il n'a rien répondu !

— Ah ! il faudra bien qu'il m'aime !

M. Bernouillet se permet de demander d'un air timide :

— De qui voulez-vous être aimée, belle amie, et qui ne vous a pas répondu ?

— Comment, monsieur ! qu'est-ce que vous dites ?

— Permettez... c'est vous qui venez de vous écrier : M'aimera-t-il ?... il n'a rien répondu !

— Eh bien, je parlais de ma perruche.

— Mais vous avez dit : Il faudra bien qu'*il* m'aime... au masculin.

— Eh bien, monsieur, je pensais à mon oiseau... c'est du masculin, il me semble ?

— C'est juste... pardon... je suis une buse.

— Ah ! il est heureux que vous vous en aperceviez.

Madame de Beauvert fait arrêter la calèche devant son bijoutier habituel; elle descend, M. Bernouillet s'apprête à en faire autant, elle lui dit :

— Restez là, je n'ai pas besoin de vous pour choisir ce qui me plaira; au contraire, quand vous êtes à côté de moi, cela me gêne.

— Cependant, ma belle amie...

— Je vous dis de rester dans la voiture... est-ce que vous ne m'avez pas comprise ?

— Pardonnez-moi... mais, c'est que...

— Ah ! si vous ne voulez pas m'attendre, partez avec la voiture... je ne vous retiens pas... je me passerai fort bien de vous.

— Mais je n'ai jamais eu l'intention de m'en aller, belle amie !

— Alors restez là.

— Il ne faut pas la contrarier, se dit l'entrepreneur en se rasseyant dans la calèche; les jolies femmes ont comme cela des jours où elles se fâchent pour un rien.

On trouvera peut-être que ce monsieur pousse un peu loin l'obéissance aux caprices de sa maîtresse; mais ce portrait n'est cependant pas outré, et, pour ceux qui ont vu de ces sots enrichis près de ces dames à la mode, il est encore d'une couleur fort douce; et notez bien que ce n'est pas l'amour qui rend ces messieurs si souples, si empresgés près de leur belle; ils sont trop épais, trop obtus pour connaître ce sentiment; la vanité seule les fait agir. C'est par vanité qu'ils veulent avoir pour maîtresse la femme la plus à la mode; c'est par vanité qu'ils la couvrent de diamants, de cachemires et de dentelles; et cette femme qui connaît son pouvoir sur ces *Midas* ne manque pas d'en abuser et de les faire aller comme des marionnettes, bien certaine que si elle était douce, aimable, raisonnable, économe, ces messieurs la quitteraient bien vite, en se disant :

— Ma maîtresse a bien peur de me perdre... c'est qu'elle n'a pas la vogue.

Paola est remontée dans la voiture suivie d'un commis qui lui remet un petit carton fermé. Elle dit à Bernouillet :

— Donnez à monsieur cinq cents francs... vous voyez que j'ai été raisonnable, j'ai dépensé bien peu.

L'entrepreneur paye sans faire la moindre grimace, puis il dit à Paola :

— Peut-on voir ce que vous venez d'acheter ?

— Mon Dieu ! oui... ouvrez le carton, vous verrez.

— Tiens ! c'est une chaîne en or...

— Oui, c'est une chaîne.

— Mais vous en avez déjà deux.

— Eh bien, ça m'en fera trois. Est-ce que vous ne trouvez pas celle-ci jolie ?

— Pardonnez-moi... elle est très-belle... mais un peu forte... un peu lourde pour une dame; c'est plutôt une chaîne d'homme, ceci.

— Bah ! vous ne vous y connaissez pas.

Et Paola referme le petit carton qu'elle fourre derrière elle en murmurant :

— Ah ! je triompherai ! je triompherai !...

— Vous voulez triompher, ma chère amie, et de quoi ?

— Qu'est-ce que vous me demandez, monsieur ?

— Je vous demande de qui vous voulez triompher ?

— En vérité, monsieur, je ne vous comprends pas ! à propos de quoi me faites-vous cette question ?

— Mais parce que, en glissant ce carton derrière vous, vous venez de vous écrier : Ah ! je triompherai ! je triompherai !

— Eh bien, monsieur, en ayant de superbes bijoux, est-ce qu'on ne l'emporte pas sur ses rivales... est-ce qu'on ne triomphe pas ? car c'est un triomphe que d'être proclamée la mieux mise, la plus élégante.

— C'est parfaitement vrai ! j'aurais dû deviner que c'était cela que vous vouliez dire... où donc avais-je l'esprit ?

— Ah ! je ne sais pas où vous l'avez, mais vous le cachez bien aujourd'hui. Ah ! voilà mon magasin d'étoffes, de soieries. Cocher, arrêtez.

— Dois-je descendre cette fois, belle dame ?

— Mais non, encore une fois : restez donc dans la voiture, vous y êtes bien mieux que si vous me suiviez dans ces immenses salles.

Et la belle dame descend lestement de la calèche pour entrer dans le magasin de nouveautés; tandis que M. Bernouillet étend ses jambes dans la voiture en se disant :

— Au fait, je suis tout aussi bien ici. Ah ! si elle entrait dans un magasin de modes... c'est différent, j'insisterais pour l'accompagner, parce qu'il y a là de jolis minois, des figures chiffonnées à lorgner. Mais il n'y a pas de danger que jamais Paola me mène chez sa modiste... elle sait que je suis trop mauvais sujet... Eh ! eh ! eh !...

Le gros monsieur, enchanté de sa réflexion, se fait rire tout seul ; puis, comme sa maîtresse reste fort longtemps dans le magasin de nouveautés, il finit par s'endormir dans la calèche. Il est réveillé par Paola qui remonte en voiture et lui crie aux oreilles :

— Comment ! monsieur, vous dormez !

— Ma foi... je crois que oui... je m'étais endormi en m'amusant...

— Payez monsieur... qui attend.

— Combien, madame ?

— Attendez que je regarde ma note. Six cent quinze francs... je n'ai presque rien acheté... je ne suis pas en goût aujourd'hui.

M. Bernouillet paye le commis, qui a placé sur le devant de la voiture plusieurs pièces d'étoffes, si bien que l'entrepreneur n'ose pas remuer, de peur de faire tomber un paquet.

— Chez moi, dit Paola au cocher.

M. Bernouillet examine les paquets qui l'entourent en murmurant :

— Peut-on voir ?

— Mon Dieu ! regardez si vous voulez... mais

des étoffes pour robes, est-ce que vous vous connaissez à cela.

— Mais oui... mais oui... je vois bien ce qui est beau.

Et M. Bernouillet, ouvrant le papier qui enveloppe un des paquets, y trouve plusieurs devants de gilets choisis dans ce qu'il y a de plus élégant et de plus à la mode. Il développe un des morceaux d'étoffe en disant :

— Mais, ma chère amie, vous ne pourrez jamais vous faire une robe avec cela! c'est trop petit.

Paola ne peut retenir un éclat de rire; mais elle referme le paquet en disant :

— A coup sûr, il n'y a pas même une manche là-dedans.

— On dirait des devants de gilets.

— Mon Dieu! monsieur, on peut faire des gilets avec toutes les étoffes possibles; mais on peut faire des toques... des bérets avec cela... en vérité, vous devenez tatillon. Laissez cela... je vous défends de toucher à mes achats.

— J'obéis, belle dame... j'obéis.

Et M. Bernouillet s'incline en souriant, car il se figure que sa maîtresse veut lui faire une surprise, et que c'est à son intention qu'elle a acheté des devants de gilets.

On est arrivé devant la demeure de madame, qui prie le concierge de lui monter ses emplettes. L'entrepreneur s'apprête cette fois à descendre de voiture; sa maîtresse l'arrête en lui disant :

— Restez donc là... il est inutile que vous descendiez.

— Comment ! Est-ce que je ne pourrais pas monter avec vous ?... je serais bien aise... j'aurais voulu... belle amie...

— Rien du tout. J'ai très-mal à la tête, je vais me coucher et je veux qu'on me laisse dormir.

— Ah ! ça me contrarie... parce que...

— Je vous dis que j'ai la migraine, il me semble qu'il n'y a rien à répliquer à cela. Adieu, monsieur, à demain ; il faut espérer que je serai mieux portante.

La belle dame est rentrée dans sa maison et M. Bernouillet se place dans le fond de la calèche, en se disant :

— Quand elle a ses nerfs, il n'y a pas moyen d'en rien obtenir.

XXV

Revue de parfumeurs.

En rentrant chez lui, ce même soir, Roger reçoit de son concierge un grand carton plat, soigneusement ficelé et cacheté.

— Qu'est-ce que c'est que cela ? demande le jeune artiste.

— Je n'en sais rien, monsieur ; mais on m'a remis cela pour vous... Vous voyez bien d'ailleurs qu'il y a sur le carton : Pour M. Edouard Roger.

— Et qui vous a remis ce carton ?

Le portier se gratte le nez, sourit, puis répond :
— Monsieur... c'est un... c'est un commissionnaire...
— Du quartier ?
— Oh ! oui... c'est-à-dire... je n'en sais rien.
— Enfin... de quelle part venait-il ?
— Il ne me l'a pas dit.
— Monsieur le concierge, j'ai dans l'idée que vous en savez beaucoup plus... il y a donc du mystère dans cet envoi !
— Eh ! eh !... je ne sais pas, monsieur, il y a peut-être du mystère, mais je vous jure qu'on m'a dit de vous dire que c'était un commissionnaire qui l'avait apporté.
— Très-bien !... au reste, en ouvrant le carton il est probable que je saurai d'où cela vient.
— Si monsieur veut l'ouvrir dans ma loge ?
— Non, merci, je préfère l'ouvrir chez moi.
Roger monte chez lui en soupesant le carton et se dit :
— Ce sont probablement des dessins que l'on m'envoie et dont on veut avoir la reproduction sur bois. Nous allons examiner cela.
Arrivé dans son atelier, le jeune artiste allume sa lampe et s'empresse de déficeler le carton.
— Le couvercle est enlevé : Roger reste stupéfait en apercevant des pièces de soirie pour devants de gilets, il y en a quatre de la dernière élégance ; puis sous les gilets est un autre petit carton renfermant la superbe chaîne en or que nous avons vu acheter dans la journée par la maîtresse de M. Bernouillet ; puis enfin, à côté de la

chaîne, il y a une lettre que Roger s'empresse de décacheter en se disant :

— Une chaîne d'or, des devants de gilets magnifiques ! tout cela ne peut pas être pour moi... il doit y avoir erreur. Cette lettre va, j'espère, me donner la clef de cette énigme. Lisons. Diable ! l'écriture n'est pas belle... n'importe, j'en viendrai à bout :

« Je vous ai dit que je vous aimais, et à celui qu'on aime il est doux de faire de petits présents. J'espère que vous ne refuserez pas ce que renferme ce carton, et que vous croirez que je ne joue point la comédie, en vous disant que vous m'avez fait connaître un sentiment dont jusqu'alors je n'avais fait que rire, mais que je suis obligée maintenant de prendre au sérieux.

« A bientôt,

« Votre Paola. »

— Ma Paola... ma Paola !... s'écrie Roger en froissant avec colère le billet, mais je n'en veux pas de ma Paola... pour qui donc me prend-elle, cette dame qui m'envoie une chaîne d'or et de quoi me faire des gilets ! Ah ! c'est trop fort... ma belle voisine présume apparemment, parce que je loge au cinquième, que je n'ai pas le moyen de me vêtir... que je suis de ces jeunes gens qui se font entretenir par les femmes ! Ah ! morbleu ! madame, je ne vous ai pas donné le droit de me juger ainsi, et je vous trouve bien impertinente avec vos cadeaux !... Vous croyez par là me séduire... parvenir à vous faire aimer... mais si vous n'étiez pas une sotte, vous sauriez que les plus beaux présents ne font pas venir l'amour là où il ne veut pas aller, car tout ce que vous donnent ces imbéciles qui ont la bonté de se ruiner pour vous ne vous fait pas éprouver pour eux une parcelle de ce sentiment. Ah ! j'ai bien envie de descendre sur-le-champ reporter ce carton à la voisine... mais il est minuit et demie... on dort peut-être... et tout cela ne vaut pas la peine que je réveille personne... Demain matin je répondrai à sa lettre et je la lui enverrai avec son carton, reficelé et recacheté, par ce sournois de concierge qui, j'en suis certain, savait fort bien d'où venait tout cela.

Le lendemain, sur les dix heures du matin, madame de Beauvert n'était pas encore levée, mais elle ne dormait pas. L'image de Roger, dont elle était réellement amoureuse, ne lui laissait plus de repos. Enchantée de ce qu'elle a fait la veille, cette dame, qui croit qu'un jeune homme ne résiste pas plus aux cadeaux qu'une lorette ou une biche, disons tout de suite qu'une *mal peignée*, puisque, pour le moment, c'est sous cette épithète que l'on désigne une courtisane (nous avons pour ces dames un vocabulaire qui menace de devenir par trop volumineux), Paola est donc persuadée que le jeune artiste a été séduit par les charmants présents qu'elle lui a faits. Elle a réfléchi que la rencontre de Calvados n'a pu en rien lui nuire près de Roger ; d'abord son ancien amant a fort bien pu ne pas la reconnaître, et, dans le cas contraire, que lui importe que Roger sache qu'elle a été Lucette ? ce n'est pas avec lui qu'elle veut trancher de la grande dame et se donner des airs de baronne. Elle doit donc plus que jamais se flatter de faire la conquête de son jeune voisin ; aussi compte-t-elle bien monter à son atelier aussitôt après son déjeuner.

Madame se promettait donc une journée délicieuse, lorsqu'elle voit entrer dans sa chambre Léontine qui porte un carton et une lettre.

— Que me voulez-vous ? je ne vous ai pas sonnée, dit Paola.

— C'est vrai, madame ; mais on vient d'apporter pour vous une lettre et ce carton... et comme je savais que madame était éveillée...

— Qui donc a apporté cela ?

— Le concierge, madame.

— Encore quelques cadeaux de cet imbécile de Bernouillet ! s'il croit pour cela que je le trouverai moins assommant. Voyons, approchez... Mon Dieu !... mais... ce carton... c'est celui que j'avais envoyé hier à Roger !

— Oui, madame... ce doit être celui-là, car le portier m'a dit que c'était M. Roger qui l'avait prié de vous apporter tout cela.

— Comment ! vous saviez que cela venait de Roger et vous ne le disiez pas !

— Madame, je n'ai pas encore eu le temps.

— Et il y a une lettre ?

— La voilà, madame.

— Donnez et laissez-moi.

La femme de chambre voit que les nouvelles

amours de sa maîtresse ne vont pas bien, elle s'éclipse vivement. Paola se hâte de décacheter la lettre de son jeune voisin et lit.

« Madame, je pourrais me fâcher bien fort de ce que vous m'avez classé parmi ces hommes qui ne rougissent pas de devoir à des femmes leur toilette et les moyens de briller dans le monde ; je préfère en rire et vous dire en passant que vous connaissez bien peu les hommes, madame, vous qui, cependant, avez eu tant d'occasions pour les étudier. Quand vous rencontrerez un artiste qui aime son art, qui aime le travail, qui s'y livre avec ardeur, soyez persuadée que celui-là ne veut parvenir et briller que par lui-même, par son talent, et qu'il met sa réputation, son honneur, bien au-dessus d'une chaîne d'or et d'un gilet plus ou moins élégant. Les hommes qui ne se font remarquer que par leur toilette sont des sots ; on les contemple quelquefois, mais c'est de la même façon que l'on admire ces mannequins qui sont placés devant la boutique d'un tailleur. Je ne tiens pas à leur ressembler. Je vous renvoie vos présents, madame, vous en trouverez facilement un placement plus avantageux ; et quant à ce sentiment que vous prétendez éprouver pour moi, je ne puis y répondre, car vous savez bien que mon cœur n'est pas libre ; mais tant d'adorateurs vous entourent, qu'il vous sera bien facile d'oublier ce caprice, qui passera rapidement comme tous ceux d'une jolie femme.

« Recevez mes salutations,

« ROGER. »

— Il refuse ! s'écrie Paola, après avoir lu, et d'un coup de pied elle envoie le carton au milieu de la chambre ; il ne veut rien accepter de moi... il a donc un cœur de rocher, ce monsieur ; mais voyons, relisons la fin : *Quant à ce sentiment que vous prétendez éprouver pour moi...* (Il en doute le monstre ! il en doute encore !...) *je ne puis y répondre, car vous savez bien que mon cœur n'est pas libre...* Ah ! la voilà, la cause de ses refus... la cause de ce mépris pour ce que je lui offre... son cœur n'est pas libre ! et c'est pour cela qu'il ne peut m'aimer. Imbécile ! Est-ce que cela nous gêne, cela, nous autres femmes ? Est-ce qu'il n'y a pas toujours au fond de notre cœur de la place pour un nouvel amour ? Oh ! cette femme... cette parfumeuse... ou cette demoiselle de magasin... est-ce que je ne parviendrai pas à les brouiller... à rompre cette liaison qui empêche Roger de m'aimer ?... car si son cœur était libre il m'aimerait, sa lettre le dit assez clairement. Oh ! je la maudis, cette femme... je la déteste... je veux lui arracher les yeux.

Et, dans les transports de la jalousie qui l'animent, cette dame empoigne son oreiller et le jette sur sa femme de chambre qui venait dire à sa maîtresse que M. Bernouillet accourait s'informer si sa migraine de la veille était passée et demandait à entrer.

— Je ne veux pas le voir ! s'écrie Paola ; il m'obsède, il m'agace, cet homme... qu'il me fiche le camp.

— Mais, madame... que lui dirai-je ?

— Tout ce que tu voudras... que je prends un lavement.

— Ah! ah! ah!... oui, madame, je vais lui dire cela.

Mademoiselle Léontine s'éloigne en riant. Paola a déjà oublié son entrepreneur ; elle se refourre dans son lit en murmurant :

— Oui, je dois avant tout le brouiller avec sa maîtresse... malheureusement je ne sais pas dans quelle boutique elle perche, cette demoiselle ; mais elle est chez un parfumeur... eh bien, je visiterai tous les magasins de parfumerie de Paris... oui, oui... c'est cela... mais comment savoir où demeurent tous les parfumeurs... Parbleu !... avec l'Almanach du commerce... je trouverai toutes les adresses. Oh! c'est cela, mon idée est excellente... mais il me faut l'Almanach du commerce... je ne l'ai pas. Léontine! Léontine! ah! mon Dieu! elle ne m'entend pas à présent... je gage que c'est ce gros bœuf de Bernouillet qui la retient.

Madame se jette sur le cordon de sonnette qui est contre son lit ; elle le tire et le retire avec tant de force, qu'il lui reste dans la main ; alors M. Bernouillet se présente tenant à sa main un énorme vase de nuit qu'il présente à sa belle maîtresse, en lui disant :

— Votre femme de chambre cause sur le carré avec une voisine... elle ne vous a pas entendue... j'ai présumé, à la violence de vos coups de sonnette, que vous étiez très-pressée... que vous vouliez le rendre,... et j'ai pris cela.

L'entrepreneur était si drôle avec son air inquiet et son vase nocturne, que Paola ne put retenir une explosion de rire qui se prolonge jusqu'à l'arrivée de Léontine, qui fait chorus avec sa maîtresse, en voyant ce que M. Bernouillet tient à la main. Enfin ces dames se calment et Paola dit à sa femme de chambre :

— Otez donc cela à monsieur.

— Vous ne le demandiez donc pas, belle amie !

— Eh non, monsieur, je ne demandais pas cela. Savez-vous que vous êtes bien hardi de pénétrer chez moi quand j'avais défendu ma porte ?

— Je vous ai quittée hier si souffrante... j'étais alarmé sur votre santé...

— Enfin, puisque vous voilà, vous allez me servir à quelque chose.

— A vos ordres, tendre amie.

— Avez-vous un Almanach du commerce chez vous, monsieur ?

— Oui, certainement... cela m'est indispensable. Vous désirez savoir une adresse ? c'est facile.

— C'est plus qu'une adresse ; il me faut celle de tous les parfumeurs de Paris.

— De tous ! eh ! mon Dieu ! mais savez-vous qu'il y en a considérablement à Paris.

— Je le pense bien ; mais il me faut leur adresse, et surtout qu'on n'en oublie pas une seule. Vous avez des commis chez vous, l'un d'eux peut bien faire cette besogne.

— Assurément. Mais que voulez-vous donc faire chez tant de parfumeurs ?

— Eh b'en, monsieur, puisqu'il faut tout vous

dire, une de mes amies a reçu en cadeau une pommade qui embaume... c'est une espèce de *cold cream ;* on en met légèrement sur son visage, cela vous donne le teint frais et empêche qu'il ne vienne jamais aucune ride sur la peau.

— Oh ! mais voilà qui est précieux !

— Mon amie... n'a pas voulu me donner l'adresse du parfumeur qui a inventé ce nouveau cosmétique.

— C'est bien vilain de sa part.

— Elle veut avoir la palme de la fraîcheur... mais heureusement je sais le nom de cette pommade, il lui est échappé par inadvertance... cela s'appelle de la... du... du bouquet éternel. Je me suis promis d'en avoir, et en allant chez tous les parfumeurs, il faudra bien que je trouve l'inventeur... celui qui en vend.

— Permettez, belle dame, vous aurez une terrible besogne à faire, s'il faut que vous visitiez tous les parfumeurs de Paris. Avec le nom de ce cosmétique nouveau, je puis envoyer un de mes commis, il se chargera de cette recherche.

— Non, monsieur, non, ce ne serait pas du tout la même chose ; il peut y avoir plusieurs cosmétiques de ce nom, mais son odeur, son parfum est tout particulier... il faut donc l'avoir senti pour le reconnaître. C'est pourquoi je ne puis m'en rapporter qu'à moi-même... faites-moi donc faire cette liste, et envoyez-la-moi dès qu'elle sera faite.

— Il suffit, belle dame, vos désirs vont être accomplis. Ah ! vous serez bien aimable, quand vous aurez trouvé ce précieux cosmétique, d'en prendre aussi un pot pour moi.

— C'est bien, monsieur; soyez tranquille, on vous achètera de la fraîcheur. Ah! envoyez-moi votre calèche avec cette liste, je m'en servirai pour commencer mes recherches.

— A vos ordres, belle amie, à vos ordres.

M. Bernouillet baise la main de Paola et s'éloigne enchanté, parce que cette dame a daigné lui sourire. Madame de Beauvert se lève, déjeune, puis fait sa toilette, en disant à chaque instant:

— Je la trouverai la maîtresse de Roger!... oh! je la trouverai... puisqu'elle est chez un parfumeur. Comprends-tu, Léontine, que ce monsieur refuse mes présents?

— Il est bien dégoûté... je n'en ai jamais refusé, moi.

— Il a chez lui le portrait d'une effrontée... qui est sa maîtresse.

— Madame va être obligée de visiter tous les parfumeurs de Paris?

— Bath! ça m'amusera; d'ailleurs, du moment que j'aurai trouvé celle que je cherche, tu penses bien que mes courses seront finies.

— Madame croit qu'elle la reconnaîtra?

— Si je la reconnaîtrai! oh! je t'en réponds! ses traits sont gravés dans ma mémoire, et il m'a dit lui-même que son portrait était très-ressemblant. Mais cette liste n'arrive pas! ce Bernouillet est si bête! est-ce qu'il ne m'aurait pas comprise?

Enfin la voiture arrive, et le domestique apporte la liste des adresses, qu'il remet à la femme de chambre; celle-ci qui n'a pas manqué d'examiner aussitôt cette nomenclature de parfumeurs que l'on a eu l'attention de numéroter, s'écrie en la donnant à sa maîtresse :

— Ah ! madame !... il y en a deux cent cinquante-trois !

— Eh bien, qu'importe !... donne-moi un crayon, j'aurai soin de faire une barre sur tous ceux que j'aurai visités.

— Vous ne pourrez jamais les visiter tous en un jour, madame !

— Je ne le pense pas non plus, mais comme je suis maîtresse de mon temps, je le prendrai.

Paola est montée dans la calèche et, sa liste à la main, visite d'abord les parfumeurs qui sont dans son quartier. A chaque boutique ou magasin, il faut qu'elle descende de voiture afin de passer en revue les demoiselles qui sont dans les comptoirs Il y a des boutiques où cette revue est bientôt faite, le personnel de la maison ne se composant que de la parfumeuse et d'une demoiselle de comptoir. Mais il y a de grands magasins où plusieurs jeunes filles servent les acheteurs. Dans ceux-là, il faut que Paola reste plus longtemps afin d'avoir le temps d'examiner tous les visages, et même ceux qui sont occupés dans le fond du magasin. Tout cela demande du temps; ensuite cette dame ne peut pas entrer dans une boutique sans rien acheter. Chez l'un elle demande de l'eau de Cologne, chez l'autre du vinaigre de Bully ; ici, de la pommade à la vanille, là de l'essence de rose, Enfin l'heure du dîner arrive et Paola rentre chez elle avec une cargaison de parfums, de pommades et n'ayant pu visiter que vingt-sept parfumeurs.

Le lendemain sur le midi, la belle dame recommence ses courses et ses recherches sans être plus avancée. Au bout de quatre jours elle avait visité cent dix-neuf magasins de parfumerie, et son appartement était tellement encombré par les productions de ces industriels, qu'on ne savait plus où les placer, et mademoiselle Léontine distribuait au concierge, à la fruitière, au pâtissier et à toutes ses connaissances du quartier, des produits de parfumerie, si bien que la fruitière sentait l'essence de rose, le garçon épicier se mettait du rouge et le concierge s'était teint les cheveux au point de ne plus être reconnu par les locataires.

Enfin, le cinquième jour, madame de Beauvert est arrivée rue de Rivoli, et sa voiture s'arrête devant un superbe magasin de parfums. C'est celui dans lequel est employée Thélénie. Mais, avant de descendre de sa calèche, madame de Beauvert ne peut s'empêcher de jeter un coup d'œil sur le beau magasin de lingerie qui est de l'autre côté de la porte cochère; elle avance même un peu la tête pour regarder les personnes qui sont dedans; mais presque aussitôt, et comme si elle craignait d'avoir été remarquée, cette dame entre vivement chez le parfumeur, et la première personne qu'elle aperçoit, parmi plusieurs autres demoiselles, c'est l'original du portrait qui est dans l'atelier de Roger. Paola éprouve une émotion où se mêlent à la fois de la joie, de la jalousie et de l'envie, car elle ne peut se dissimuler que la demoiselle est fort jolie ; mais commandant bientôt à ses sentiments, elle affecte un air gracieux et s'adresse directement à Thélénie en lui disant :

— Mademoiselle, je voudrais... plusieurs objets de toilette... de l'essence de violette... de tubéreuse... de la poudre pour les dents... Ah ! il me faut aussi du *cold cream*. On pourra m'envoyer tout cela chez moi, n'est-ce pas ?

— Assurément, madame, si vous voulez bien donner votre adresse...

— Madame de Beauvert, rue de Navarin, 10.

En entendant cette adresse qui est aussi celle de son amant, Thélénie n'est pas maîtresse d'un mouvement de surprise, et elle regarde avec plus d'attention la dame qui lui parle. Celle-ci, sans paraître remarquer le trouble de la demoiselle, reprend :

— Ah ! il me faudra beaucoup de *cold cream*, car j'en prends pour deux... et mon artiste me gronderait si j'oubliais ce que je dois acheter pour lui... Voyons, que je me rappelle ce que Roger m'a demandé... j'ai si peu de mémoire...

Thélénie est devenue cramoisie en entendant prononcer le nom de Roger ; elle dévore des yeux Paola et balbutie :

— Madame a dit... madame veut... quelque chose pour un monsieur...

— Oui, du savon pour la barbe... du savon pour les mains... une petite éponge bien fine...

— Et tout cela pour un monsieur qui se nomme... Roger ?

— Edouard Roger, peintre... il demeure dans ma maison.

— Et il faut envoyer cela chez ce monsieur ?

— Oh !... chez lui... ou chez moi... c'est la même chose... Envoyez tout cela chez moi... il y est plus souvent que chez lui.

Si les yeux de Thélénie étaient des pistolets, Paola serait tuée depuis longtemps... la colère qu'elle fait naître rend celle-ci radieuse. Elle se dandine, se drape dans son châle, se pose avantageusement, tout en disant :

— Voyons, n'ai-je rien oublié pour mon Roger ?... je ne voudrais pas qu'il crût que je suis distraite en l'écoutant, il est si gentil avec moi !

— Son Roger ! entends-tu ? elle dit: « Mon Roger ! » murmure Thélénie à l'oreille d'une de ses camarades. Ah ! j'ai envie de la dévisager, cette femme !

— Ne fais pas de bêtises, Thélénie, madame te regarde.

La parfumeuse venait de s'avancer vers cette belle dame qui demandait tant de choses, elle lui offrait d'autres cosmétiques nouveaux pour conserver la fraîcheur, la beauté, les dents, les cheveux et la jeunesse. Mais Paola a tout ce qu'elle voulait; elle s'aperçoit que Thélénie change de couleur à chaque instant et qu'il lui prend des mouvements nerveux ; ne jugeant pas à propos d'attendre que sa rivale lui saute aux yeux, elle laisse son adresse et remonte en voiture en se disant :

— Cette fois, j'ai réussi !

XXVI

Le temps se brouille.

Depuis que Roger est persuadé que Marie n'a pas été la maîtresse de Lucien, depuis surtout qu'il a cru entrevoir qu'il n'était pas indifférent à la jeune lingère, son plus ardent désir est de la revoir, afin de lui répéter cet aveu qu'il venait à peine de lui faire, lorsque Thélénie, par sa brusque arrivée, l'a empêché d'en connaître le résultat.

Mais comment revoir Marie ? monter à sa chambre, c'est s'exposer à se trouver encore avec Thélénie, et puis Marie descend maintenant de très-bonne heure à son magasin. Est-ce de crainte de recevoir seule la visite du jeune artiste ? est-ce par prudence ou par indifférence qu'elle agit ainsi ? Roger se demande tout cela, et comme à présent il ne veut plus combattre ce nouvel amour qui s'est emparé de son cœur, il est décidé à employer tous les moyens possibles pour parler à Marie sans être aperçu par les demoiselles du parfumeur.

Marie sortait seule rarement; cependant quelquefois elle était envoyée chez une pratique. Depuis deux jours Roger guettait inutilement ; mais enfin, le troisième, il voit Marie sortir de son magasin, un petit carton à la main. Il attend qu'elle soit assez éloignée pour n'être plus aperçue de sa demeure, et alors en quelques secondes il l'a rejointe, il peut lui parler.

En voyant Roger à côté d'elle, la jeune fille fait un mouvement de surprise ; mais ses yeux expriment plutôt le plaisir que de la contrariété, et elle balbutie :

— Quoi ! c'est vous, monsieur ! Ah ! par quel hasard ? moi qui sors si peu !

— Ce n'est point un hasard, chère Marie ; depuis quelques jours je passe une partie de mon temps dans les environs de votre magasin... car j'avais besoin de vous revoir, de vous parler... de vous répéter ce que l'autre jour j'eus à peine le temps de vous dire... Je vous aime, Marie, je vous aime...

— Ah ! monsieur... je vous ai déjà répondu que ce serait bien mal à moi de vous écouter... puisque ce serait faire de la peine à Thélénie.

— Mais, moi, je vous ai dit que ma liaison avec Thélénie était déjà à peu près rompue...

— A peu près... cela ne veut pas dire tout à fait.

— Je cherche une occasion pour rompre entièrement ; je ne vais plus à aucun des rendez-vous qu'elle me donne, je suis bien certain que déjà elle songe à me donner un successeur... si ce n'est pas déjà fait.

— Pourquoi penser cela, monsieur? vous jugez mal Thélénie... elle peut être étourdie, légère, mais elle est franche, et, du moment qu'elle cessera de vous aimer, elle vous le dira sur-le-champ.

— Et vous, vous êtes bonne, car vous prenez toujours la défense des autres ; mais au moins dites-moi si, lorsqu'il n'y aura plus entre nous de Thélénie, vous pourrez... m'aimer un peu...

Marie est bien émue, elle balbutie :

— Vous aimer... mon Dieu... je ne pourrai peut-être pas m'en empêcher... mais ce ne sera pas comme Thélénie, moi... je ne veux être la maîtresse de personne.

— Ah! chère Marie, je ne vous en demande pas davantage... être aimé de vous, n'est-ce pas déjà le plus grand bonheur qu'on puisse goûter ?

— Ah! monsieur Roger, ne prenez pas ma main dans la rue... si on nous remarquait...

— Pardon, pardon, mais je suis si heureux...

— Ah! rappelez-vous aussi que je veux vous prouver la fausseté des propos que ce M. Lucien a tenus sur moi, et pour cela...

— Soyez tranquille... je verrai Lucien sous peu, et il sera facile de le faire tomber dans le piége que nous lui tendrons... je monterai à votre chambre vous prévenir, dès que je saurai où vous serez certaine de le rencontrer.

— C'est bien ; mais à présent quittez-moi... me voici devant la maison où l'on m'envoie... et je vous en prie, ne m'attendez pas dans la rue... retournez travailler, monsieur, et ne passez pas votre temps à me guetter.

— Vous le voulez... je dois vous obéir... Oh! mais aujourd'hui je m'éloigne bien content, bien heureux!... Au revoir, chère Marie !

Roger prend la main de la jeune fille et une douce pression répond à la sienne. Il s'éloigne alors ravi, enchanté et léger comme une plume : je l'ai déjà dit quelque part, le bonheur nous donne des ailes, tandis que le malheur nous alourdit ; mais il n'est pas défendu de répéter les vérités.

Le jeune artiste était depuis peu de temps de retour dans son atelier, où tout en travaillant il ne pensait qu'à Marie, lorsque la porte du carré est ouverte brusquement, et la belle Thélénie entre, toute pâle, toute bouleversée, roulant des yeux où brille la colère, et vient d'un pas accéléré se placer devant Roger en s'écriant :

— Ah! monstre! traître! perfide!... je connais votre conduite... je ne m'étonne plus à présent si, depuis quelque temps, monsieur me néglige... s'il manque à tous les rendez-vous que je lui donne... s'il est froid, maussade avec moi... Oh! je me doutais bien qu'il y avait quelque chose... Vous comprenez que je ne suis pas une oie ! que je ne me laisse pas jobarder comme une Bouciboula et tant d'autres !... Je connais les hommes, moi! je ne suis pas la dupe de leurs détours, de leurs petits mensonges ; mais cependant, je l'avoue, je ne vous aurais pas cru faux, traître à ce point-là !

Roger, tout étourdi par ce déluge de paroles

que Thélénie vient de lui lancer au visage, sans même reprendre sa respiration, se demande si par hasard la belle brune l'a vu causant dans la rue avec Marie, et répond en hésitant :

— Mais, mademoiselle...pourquoi me dites-vous tout cela?... à quel propos?

— Oh! à quel propos est joli... monsieur veut encore faire l'innocent ; mais je vous répète que je sais tout, entendez-vous ?... je sais tout, depuis tout à l'heure que votre nouvelle maîtresse est venue à notre magasin.

— Elle a été à votre magasin...

— Oui... tout à l'heure... elle est arrivée en calèche, faisant un embarras de cheval. Ah! il vous faut des princesses de ce genre-là !... Madame de Beauvert! ce nom... son vrai nom est peut-être Toinon, ou Margot !... Mais dites donc, elle n'est pas jeune votre nouvelle passion ; je ne vous en fais pas mon compliment... elle a beau se mettre des cosmétiques, des parfum... du rouge au vinaigre... nous connaissons tout cela... elle n'en est pas plus fraîche. Je parie que cette femme-là a au moins quarante ans, si elle n'a pas plus. Et c'est pour cette vieille fripée que vous me trompez, moi qui n'ai pas encore vingt-deux ans, et qui, sans me flatter, ne peux pas faire un pas dans la rue sans m'entendre dire : « Ah! la belle fille ! » Mais les hommes se fichent pas mal qu'on soit belle et bien faite !... il faut qu'ils changent, qu'ils aient de nouvelles figures. Ils prendraient une bossue, une boiteuse plutôt que de rester fidèles à la même femme. Ah! vilains les merles !

Depuis qu'il sait que c'est de madame de Beauvert qu'il s'agit, Roger se rassure, il est même enchanté de tout ce qu'il entend, puisque cela va lui fournir l'occasion qu'il cherche pour rompre entièrement avec Thélénie. Aussi, loin de chercher à la détromper, à dissiper sa jalousie, il se contente de dire :

— Mais comment donc avez-vous pu savoir... qui donc vous a appris...

— Votre liaison avec votre voisine du premier... car je sais qu'elle demeure au premier cette pimbêche... et tout à l'heure elle le verra que je le sais!... Vraiment, monsieur, c'est elle-même qui est venue me le dire... Oh! elle ne s'en cache pas, bien au contraire... elle affecte de répéter à chaque instant : « Il me faut du savon à barbe pour mon Roger... du cold-cream pour mon Roger... » Oh! que j'avais bien envie de lui dire : « Mais, vieille pomme cuite, il est autant à moi qu'à toi, le Roger en question... et si tu te flattes de le posséder toute seule, je te rendrai des points au corbillon. » Je me suis contenue par respect pour le magasin, et je me suis dit : « Perdre ma place pour ce monsieur, en vérité ce serait trop bête, et il n'en vaut pas la peine. » Il paraît qu'elle vous fournit de la parfumerie, votre dame; peste, on ne s'en prive pas... et puis ce genre de dire : « Envoyez ça chez Roger ou chez moi, c'est la même chose. » Comme pour dire : « Nous faisons ménage ensemble. » Ah! je ne m'étonne plus si je trouvais mon portrait retourné quand je venais ici. Je gage que c'est madame de Beau... gazon qui se permet tait cela... hein? n'est-ce pas que c'est elle qui mettait ma figure du côté du mur? Ah! monsieur rit... monsieur trouve cela drôle... Scélérat! fourbe! il ne cherche pas à nier maintenant.

— A quoi bon nier... puisque vous savez tout D'ailleurs, ma chère Thélénie, vous savez bien que les liaisons ne sont jamais éternelles.

— C'est possible. Tenez, je ne dirais rien, si vous m'aviez lâchée pour une autre femme jeune et gentille; mais me préférer une vieille momie qui a trois couches de pommade sur la peau!... ah! je ne puis pas avaler cela!... Ah! madame, vous retournez mon portrait! je le comprends bien, le vôtre ne brille pas à côté... mais vous n'aurez plus le plaisir de me faire baiser la muraille, en voilà assez!

Et Thélénie, courant décrocher le portrait, arrache du cadre le dessin, puis le déchire et le foule aux pieds en s'écriant :

— Tenez, monsieur, voilà le cas que je fais de vos ouvrages. Vous n'étiez pas digne de posséder mon portrait, faites celui de votre nouvelle Dulcinée, cela pourra plus tard servir d'enseigne à un marchand d'antiquailles! Adieu, je vous déteste!

— Thélénie, on peut se quitter sans se fâcher.

— Non, non, non, vous êtes un ingrat! et je ne vous pardonne pas de me préférer une marquise de pretintailles. Adieu!...

Thélénie sort de l'atelier aussi brusquement qu'elle y est entrée; elle descend rapidement deux étages; alors elle s'arrête, croyant que Roger la rappellera; mais, comme il n'en fait rien, elle se remet à sauter les marches, et, arrivée au premier, se jette sur le cordon de la sonnette et le tire avec tant de violence, qu'il lui reste dans la main. Cependant, au tintamarre qu'a fait la sonnette, mademoiselle Léontine est accourue, elle ouvre la porte en disant :

— Qui est-ce qui se permet de sonner au point de casser notre cordon ?

Thélénie, qui est déjà devant la loge du concierge, relève la tête en s'écriant :

— C'est moi... je viens de chez *mon Roger;* vous direz à votre maîtresse que je lui enverrai incessamment une perruque, des dents et des mollets.

Dans la soirée qui suit cette journée, Thélénie n'est rentrée à la demeure commune que fort tard, et ses deux camarades de chambrée dorment profondément, ce qui l'empêche d'épancher près d'elles tout ce qu'elle a sur le cœur; et, bien que depuis sa sortie de l'atelier elle ait conté à toutes les personnes qu'elle a vues sa rupture avec Roger, elle éprouve toujours le besoin d'en parler. Aussi, le lendemain matin, elle est éveillée plus tôt que de coutume, et c'est elle qui réveille ses deux compagnes, en leur criant :

— Ah! mesdemoiselles! ouvrez donc un peu l'œil... vous êtes trop dormeuses ce matin... et puis j'ai bien des choses à vous raconter.

— Qu'est-ce qu'il y a donc ? murmure Tontaine en se frottant les yeux, Thélénie est levée la première. Ah! voilà qui est extraordinaire. Tu as donc un grand déjeuner ce matin ?... est-ce que tu veux nous emmener avec toi ?

— Mais non, il n'est pas question de déjeuner... elle ne pense qu'à manger, celle-là !

— Dame ! il me semble qu'on est bien obligé d'y penser.

— Est-ce que tu es malade, Thélénie ? dit Marie, qui se hâte de se lever et de s'habiller.

— Non, je ne suis pas malade... pas si bête... se rendre malade parce qu'un homme nous trompe ! on aurait donc une jaunisse perpétuelle... mais je suis encore furieuse. Ce Roger !... fiez-vous donc aux airs sérieux... ils ne valent pas mieux que les autres ceux-là. Ah ! ma pauvre Marie, et moi qui avais la bêtise d'être jalouse de toi... parce qu'une fois ou deux j'ai trouvé ce monsieur causant avec toi. Ce traître ! c'était pour mieux cacher son jeu... pour me donner le change !

— Comment !... que veux-tu dire ? balbutie Marie en cachant son émotion.

— Je veux dire que j'ai rompu avec M. Roger, n, i, ni, c'est fini !

— Oh !... pour quelques jours peut-être, et puis vous vous raccommoderez.

— Oh ! jamais !... d'ailleurs sa trahison est flagrante, et, du reste, lui-même ne l'a pas niée.

— Sa trahison ?

— Oui... enfin il a une autre maîtresse, une de ces femmes entretenues dans le grand genre... qui font leur poussière ! qui ont voiture, laquais !... Mon Dieu, elle est bien connue... c'est la Beauvert... sa voisine ; c'est commode, elle demeure dans sa maison, au premier.

Marie devient d'une pâleur extrême et peut à peine murmurer :

— Madame de Beauvert serait la maîtresse de M. Roger !... qui te l'a dit?... qui peut te faire croire cela?

— Me le faire croire ! ah ! je n'ai pas à en douter ! ce sont eux-mêmes qui me l'on dit... les effrontés ! D'abord cette dame, qui est venue à notre magasin faire des emplettes pour son Roger... en répétant sans cesse : « Envoyez tout cela chez lui, ou chez moi... c'est la même chose. » Et puis elle ajoutait : « N'oublions rien pour *mon Roger !* il est si gentil, si aimable. » Mais qu'est-ce que tu as, ma pauvre Marie... est-ce que tu te trouves mal?

— Non, non... c'est ce que tu me dis.

— Ça te fait de la peine pour moi ! ah ! bah ! va !... demain je n'y penserai plus... mais dans le moment, tu comprends comme j'étais furieuse, j'avais envie de lancer un pot de pommade sur le nez de cette dame. Enfin je me suis contenue, mais à peine était-elle partie que j'ai couru à l'atelier de Roger, lui dire que je connaissais sa perfidie. Je pensais qu'il allait nier, chercher à s'excuser... pas du tout ! ce monsieur a pris la chose en riant, il est convenu que cette femme était sa maîtresse... une femme qui a bien quinze ans de plus que lui... mais elle l'entretient de pommade et probablement d'autre chose... il y a des hommes qui aiment cela!

— Elle lui paye sans doute à dîner ? dit Tontaine ; les hommes sont quelquefois plus gourmands que les femmes.

— M. Roger... l'amant de... de...

— Eh ! oui, ma petite Marie, l'amant de sa voisine du premier ; ils se seront rencontrés dans les escaliers... ils auront fait vite connaissance.

— Mais... il m'avait dit... il avait refusé d'aller chez cette dame...

— Il paraît qu'il n'a pas toujours refusé, puisqu'elle lui fournit son savon et son cold cream. Soyez donc fidèle à un homme pour qu'il vous trompe ainsi ! Ah ! je n'ai qu'un regret, c'est de n'avoir pas commencé... mais cela me servira de leçon pour un autre. Au revoir, je descends, je me dépêche, car hier je suis sortie comme une fusée et sans même demander la permission.

Thélénie sort ; Tontaine ne tarde pas à en faire autant ; alors Marie donne un libre cours à ses larmes, en disant :

— Ah ! je suis bien malheureuse !

Deux jours se sont écoulés depuis ces événements, lorsque Roger, qui s'est assuré que Thélénie est en bas dans son magasin, que Marie n'est pas encore dans le sien, monte lestement à la petite chambre de ces demoiselles, et y arrive au moment où Marie en sortait.

— Je suis bien content de vous rencontrer ! s'écrie Roger ; je viens vous dire, ma chère Marie, que demain dimanche, Lucien doit se rendre au parc de Monceaux, nous irons aussi ; dès que nous l'apercevrons je vous quitterai, et...

— C'est inutile, monsieur... tout à fait inutile... il me suffit de savoir que je n'ai jamais été la maîtresse de ce monsieur; peu m'importe à présent que d'autres le croient ou non! Je n'irai pas à Monceaux.

— Quoi! vous avez changé d'idée!... mais c'est vous-même qui avez conçu ce projet.

— C'est possible; aujourd'hui j'y renonce.

— Qu'avez-vous donc, Marie? quel air sévère!... vous me parlez comme si vous étiez fâchée.

— J'ai... monsieur... que j'ai réfléchi; il ne faut plus chercher à me rencontrer... à me voir... d'ailleurs ce serait inutile, car je ne dois pas... je ne puis pas vous aimer...

— Que signifie ce langage ?... est-ce bien vous, Marie, qui me parlez ainsi?... vous qui, lors de notre dernière rencontre, m'avez laissé entrevoir que vous répondiez à mon amour.

— Non, monsieur, je mentais quand je vous disais cela... je ne vous aime pas... je ne vous aimerai jamais; ma résolution est irrévocable... vous chercherez en vain à m'en faire changer.

— Mais que s'est-il donc passé?... qu'est-il arrivé pour que vous me traitiez ainsi?

— Il est inutile de m'en demander davantage.. je ne veux plus ni vous voir ni vous parler... ne me retenez pas... Encore une fois, monsieur, il ne peut jamais y avoir d'amour entre nous... et je vous le répète, ma détermination est bien prise; si vous essayez de me voir, moi, je vous fuirai, je vous fuirai toujours. Adieu, monsieur... adieu!

Marie descend rapidement l'escalier, laissant

Roger tellement stupéfait par ce qu'il vient d'entendre, qu'il est resté immobile sur le carré du cinquième.

XXVII

Besogne perdue.

Roger est revenu dans son atelier, désolé, désespéré, puis ensuite furieux contre les femmes et se disant :

— J'ai ce que je mérite, qu'avais-je besoin d'aimer encore ?... ne m'étais-je pas promis, juré de ne plus me laisser séduire ? n'avais-je pas déjà été assez trompé, assez malheureux ? Cette fois, c'est d'une autre façon qu'on me berne... cette Marie, après m'avoir laissé espérer qu'elle m'aimerait... après me l'avoir presque avoué même... car lors de notre dernier entretien dans la rue, lorsqu'en la quittant, je tenais sa main, cette main a doucement pressé la mienne... n'est-ce pas un aveu, cela ? et une femme serre-t-elle la main d'un homme qui lui dit : « Je vous aime ! » lorsqu'elle ne veut pas répondre à son amour ? Ah ! mademoiselle Marie... et aujourd'hui vous me défendez de vous parler, de chercher à vous voir... vous m'annoncez positivement que vous ne m'aimerez jamais !... vous êtes donc une coquette... vous vous êtes donc amusée à mes dépens !... et cette preuve de votre innocence... des calomnies que ce Lucien a débitées sur votre compte, vous ne voulez plus me la donner... Alors Lucien n'avait donc pas menti... et vous avez nié ce qui était vrai ! Mentir à ce point... si jeune... avec un air si candide. Mais que je suis niais, de me laisser prendre à ces airs-là !

Après sa sortie de chez le parfumeur, où elle avait enfin trouvé celle qu'elle cherchait, Paola était revenue chez elle enchantée, et avait appris à sa femme de chambre ce qu'elle avait dit devant la demoiselle dont Roger avait le portrait. Mademoiselle Léontine n'avait pas manqué d'applaudir à tout ce qu'avait fait sa maîtresse, et c'était fort peu de temps après leur entretien qu'avait eu lieu l'incident de la sonnette cassée.

Mademoiselle Léontine s'empresse d'aller rapporter à sa maîtresse les paroles peu flatteuses criées dans l'escalier par cette demoiselle qui a brisé la sonnette. Mais, loin de s'en fâcher, Paola rit aux éclats en disant :

— Tu vois que j'ai réussi... cette péronnelle est furieuse, elle est persuadée que je suis la maîtresse de Roger, et je suis certaine qu'elle vient de son atelier, où elle est allée lui faire une scène ; mais je crois que mon bel artiste n'aime pas les scènes, et je serais bien étonnée si une rupture ne s'en était pas suivie. Au reste, je saurai bien si cette demoiselle revient ici. Tu vas donner dix francs au concierge pour qu'il la guette et qu'il t'avertisse si cette impertinente ose revenir dans la maison, d'où il a le droit de la mettre à la porte, parce qu'elle y casse les cordons de sonnette. Tiens... ce n'est pas assez de dix francs, en voilà vingt, tu lui diras que je doublerai la somme dans le cas où cette pécore reviendrait et s'il la chassait à coups de balai.

Mademoiselle Léontine prend les vingt francs, en garde quinze pour elle et va donner le reste au concierge avec les instructions de madame, mais l'occasion ne se présente pas de mettre Thélénie à la porte, parce qu'elle ne reparaît pas dans la maison.

Paola a laissé plusieurs jours s'écouler avant de retourner à l'atelier de Roger. Lorsqu'elle est bien certaine que l'apprentie parfumeuse ne revient plus chez l'artiste, elle se décide à remonter au cinquième.

Cette dame est vivement émue en montant à l'atelier, car elle se dit que Roger doit savoir ce qu'elle a fait dans le magasin de parfumeur, et elle se demande comment il aura pris tous les mensonges qu'elle a débités sur son compte et s'il n'a pas trouvé mauvais qu'elle ait eu l'air de le fournir de savon.

Mais le jeune homme s'était fort peu inquiété de tout cela ; toujours préoccupé de Marie, et cherchant sans cesse à deviner ce qui avait pu amener un changement si subit dans ses manières, dans ses discours, il ne pensait pas plus à madame de Beauvert qu'à Thélénie, et, comme c'est l'ordinaire, songeait sans cesse à celle qu'il s'était promis d'oublier.

En voyant la belle dame du premier entrer chez lui, Roger éprouve une certaine contrariété, ce sentiment qui se peint malgré nous sur notre figure quand nous recevons une visite qui nous ennuie. Cependant, il est poli avant tout, et présente une chaise à sa voisine, en la saluant profondément. Mais Paola est assez habituée à lire sur les physionomies et elle se dit :

— Il est fâché... il m'en veut de ce que je l'ai brouillé avec cette fille... tant pis, il se défâchera... nous allons voir ce qu'il va me dire.

— Je viens vous donner séance, mon cher voisin, dit Paola en s'asseyant ; il y a assez longtemps que vous ne m'avez vue... mais j'ai été trop occupée... j'ai pensé que cela vous était indifférent.

— Moi, madame, je suis toujours à vos ordres... que le portrait soit fait vite ou non... cela dépend entièrement de vous, et puisque vous n'en êtes pas pressée...

— Oh !... nullement... ce portrait est pour moi... je n'ai personne à qui en faire cadeau. C'est-à-dire il y a bien quelqu'un à qui je serais heureuse de l'offrir, mais je crains que cette personne-là tienne fort peu à le posséder.

Roger ne répond rien à cela, mais il dispose son chevalet et tout ce qu'il lui faut pour travailler au dessin de cette dame, qui ne manque pas de porter ses regards du côté où était attaché le portrait de Thélénie ; le cadre est à sa place, mais il est entièrement vide, et il ne contient plus rien. Un sourire de satisfaction se peint sur les traits de Paola, qui ne peut s'empêcher de s'écrier:

— Comment! vous n'avez plus le portrait de votre... Andalouse. Par quel miracle n'est-il plus dans son cadre ? Est-ce que, par hasard, cette demoiselle vous aurait repris son image ? Ah!... ce serait bien vilain de sa part... vous y tenez tant!

— Non, madame, répond froidement Roger, cette demoiselle n'a pas repris son portrait, mais elle a fait mieux, elle l'a ôté du cadre pour le déchirer en tout petits morceaux; voilà, puisque vous tenez à le savoir, ce qu'elle a fait de mon ouvrage.

Madame de Beauvert rit aux éclats tout en disant:

— Ah! que je suis contente!... si vous saviez quel plaisir je ressens! Je suis donc parvenue à vous brouiller avec cette demoiselle! Voyons, Roger, ne m'en voulez pas, car il ne s'agit plus de dissimuler ici; vous devez savoir ce que j'ai fait, ce que j'ai dit chez ce parfumeur où travaille cette fille...

— Mais oui... Thélénie me l'a dit...

— Et vous êtes bien fâché contre moi, n'est-ce pas? Mais ne comprenez-vous pas l'amour, la jalousie?... Je vous ai dit que je vous aimais... par conséquent, je devais la détester, la haïr, celle qui était votre maîtresse... je m'étais promis de vous brouiller avec elle... rien ne m'aurait coûté pour y parvenir... Je suis arrivée à mon but. Qu'importent les moyens? et m'en voudrez-vous longtemps pour avoir brisé votre liaison avec une femme qui n'était pas digne de vous ?

Roger sourit et répond :

— Moi, vous en vouloir parce que vous avez rompu mes relations avec Thélénie ! mais vous êtes complétement dans l'erreur, madame, et bien loin d'avoir pour cela des reproches à vous faire, je vous voterais plutôt des remercîments. C'est un véritable service que vous m'avez rendu... et j'en suis extrêmement reconnaissant.

Paola demeure toute surprise ; elle ne comprend rien à ce langage, elle regarde fixement Roger, en murmurant :

— Comment ! cela ne vous donne pas des regrets... d'avoir rompu avec cette demoiselle... mais... vous ne l'aimiez donc plus alors ?

— Je n'avais éprouvé pour elle que ce sentiment léger qui nous fait désirer la conquête d'une jolie femme. Ce sentiment-là n'est jamais de longue durée, il s'éteint avec la possession... depuis longtemps je cherchais une occasion pour rompre avec Thélénie, vous me l'avez procurée. C'est bien aimable à vous... et je vous réitère mes remercîments.

Paola devient rêveuse. Elle garde quelques instants le silence ; enfin elle reprend :

— Mais quand je vous ai avoué que je vous aimais, pourquoi donc avez-vous dit que vous n'étiez pas libre ?... Vous l'étiez, puisque vous n'aimiez plus cette femme...

— Permettez-moi de vous dire, madame, qu'il y a au monde d'autres femmes que Thélénie, pour lesquelles on peut éprouver un amour plus profond... plus durable...

Paola pâlit, ses traits se contractent; elle balbutie :

— Ah! c'est-à-dire que vous avez une autre passion dans le cœur. Oh! ces hommes! ces hommes!... on ne peut donc jamais compter sur eux? J'ai la faiblesse... la sottise d'aimer monsieur... de le lui dire... il repousse mon amour en me laissant croire qu'il aime sa parfumeuse... et aujourd'hui ce n'est plus celle-là qu'il aimait. Ah! tenez, c'est fini, bien fini... désormais je vous déteste, je vous abhorre, et si ce n'était pas pour avoir ce portrait qui est commencé, je ne resterais pas une minute de plus près de vous.

Roger sourit et se met à travailler en disant :

— Eh bien, madame, nous allons tâcher de finir rapidement votre portrait, afin que vous n'ayez plus l'ennui de poser devant moi.

— Monstre !... il se moque de moi encore.

— Oh! jamais !... La tête tournée un peu plus de mon côté, s'il vous plaît.

— Je ne veux plus vous regarder... je ne veux plus vous voir...

— Alors, comment voulez-vous que j'achève votre tête ?

— Comme vous pourrez... ça m'est bien égal. Suis-je bien ainsi, monsieur ?

— Parfaitement, madame... parfaitement.

— Et quelle est cette femme dont vous êtes amoureux maintenant?... dans quelle classe l'avez-vous choisie, celle-là ?

— Mais, madame, je ne vous ai pas dit que j'étais amoureux de quelqu'un ; je vous ai dit seulement qu'il y avait dans le monde d'autres femmes que mademoiselle Thélénie susceptibles d'inspirer de tendres attachements...

— Allons, bon, voilà qu'il prétend n'être plus amoureux à présent... Oh ! mais je suis certaine que si, moi ; seulement vous ne voulez pas me dire de qui...

Roger, que ces questions impatientent, change la conversation en disant :

— Mais, à propos, madame, vous avez revu l'autre jour ici une de vos anciennes connaissances ?

— Comment... une connaissance... ici ?...

— Sans doute, M. Calvados... Est-ce que vous ne l'avez pas reconnu ? Quant à lui, il vous a reconnue sur-le-champ, et il s'est écrié : « Cette chère Lucette !... que cela me fait donc plaisir de l'avoir revue !... elle n'est pas changée, elle est toujours charmante !...

— Vraiment ! il a dit cela ? Mais il se trompe ce monsieur, je ne sais pas ce qu'il veut dire... Je ne m'appelle pas Lucette, je ne le connais pas... il ne sait pas ce qu'il dit.

— Comme vous voudrez, madame ; vous pourriez vous être appelée Lucette autrefois et être aujourd'hui madame de Beauvert... ces changements de noms sont très-fréquents. Au reste, il nous a fait de cette Lucette un portrait enchanteur... c'était une perle, une rose, elle avait tout, grâce, fraîcheur, taille fine, pied mignon...

— Eh bien, oui, monsieur, oui, c'est moi qui suis, qui étais cette Lucette ; mais quant à ce M. Calvados, il s'est conduit avec moi comme un polisson, comme un homme sans délicatesse ; après m'avoir séduite, il m'a lâchement abandonnée, lorsque je lui appris que j'allais devenir mère. Trouvez-vous que ce soit bien, cela ?... et comprenez-vous pourquoi, en revoyant ici ce monsieur, je ne me suis pas souciée de le reconnaître ?

— Madame, je suis loin de vouloir excuser la conduite de M. Calvados... je ne me permettrai pas d'être juge entre vous. Je comprends aussi que la vue de ce monsieur peut vous être désagréable.

— Oh ! je vous le répète, s'il me parlait, je lui dirais : Monsieur, vous vous trompez, je ne vous connais pas.

— Et cette enfant... cette fille que vous avez eue... qu'est-elle devenue ?

— Elle est morte, monsieur ; je n'ai plus de fille, plus d'enfant !...

Un silence assez long suivit cette conversation. Paola était devenue rêveuse, et Roger en profitait pour travailler avec ardeur. L'arrivée d'un éditeur interrompit ce travail ; en voyant un étranger venir parler d'affaires, Paola se lève vivement en disant:

— Je suis fatiguée, en voilà assez pour aujourd'hui.

— Encore une seule petite séance, madame, et votre portrait sera terminé, dit l'artiste en reconduisant son modèle jusqu'à la porte de son atelier.

Madame de Beauvert est rentrée dans son appartement, triste, rêveuse, de mauvaise humeur, et, lorsque mademoiselle Léontine veut lui faire sentir un petit flacon nouveau qu'elle vient de prendre parmi les nombreux achats faits brusquement chez les parfumeurs, elle la repousse en lui disant :

— Laisse-moi tranquille avec tes parfums !... c'était bien la peine que je visitasse tous les parfumeurs de Paris... et que j'emplisse ma demeure de pommades... il n'aimait plus cette fille de comptoir... il ne cherchait qu'une occasion pour rompre avec elle ; il m'a remerciée de la lui avoir procurée, et il est enchanté d'être débarrassé de sa Thélénie.

— Ah ! bah ! Mais alors...

— Alors il en aime un autre, le traître... il a une autre passion dans le cœur, et je me suis donné bien du mal pour rien.

— En vérité !... et cette autre, qu'est-ce que c'est ?

— Il n'a pas voulu me le dire, l'ingrat... oh ! mais il aura beau me le cacher, je découvrirai sa nouvelle passion... je la connaîtrai, cette femme qui a maintenant son amour... Oui, oui, je la trouverai...

— Et vous les brouillerez encore, voilà tout.

Et mademoiselle Léontine se dit en elle-même :

— Oh ! quel bonheur ! si celle-ci pouvait être chez un confiseur.

XXVIII

Affaire des portraits.

— Qu'est-ce que tu fais donc là sur le boulevard ? dit un matin M. Calvados à son ami Boniface Triffouille qu'il vient de voir arrêté près du passage des Panoramas.

— Ah ! tiens... c'est toi, Calvados ? Bonjour, cher ami. Figure-toi que je suis là à guetter quelqu'un...

— Ah ! ah ! une femme, libertin ! une beauté que tu auras suivie et qui est entrée dans quelque boutique... tu attends qu'elle en sorte... je connais ça.

— Non, tu n'y es pas, ce n'est pas cela du tout ; c'est un jeune homme que je guette.

— Un débiteur ?

— Non ; il ne me doit pas d'argent et cependant c'est bien un débiteur, car il possède quelque chose qui est à moi, et je veux qu'il me le rende. C'est un nommé Sibille Peloton, un jeune négociant... tu l'as peut-être vu avec moi ?

— Je ne crois pas...

— Nous avons été ensemble au Château-des-Fleurs ; ce jour-là, j'avais sur moi une douzaine de mes portraits photographiés, que je venais de faire faire... nous étions avec des dames... non, c'était des demoiselles.

— Voyez-vous... Quand je disais que tu étais un séducteur.

— Eh ! mon Dieu ! dans tout cela je n'ai encore séduit personne. Bref, ce jeune Sibille me dit : « Il faut offrir votre portrait à ces demoiselles, ça leur fera plaisir. » Moi, je n'osais pas offrir cela moi-même. Alors il reprend : « Passez-moi vos portraits, je me charge de les bien placer. » Je ne demandais pas mieux ; je lui donne mon paquet de cartes, il en donne à ces demoiselles ; ensuite, par inadvertance, il met les autres cartes dans sa poche ; moi, je n'y songe plus. A la fin de la soirée, un orage nous sépare... il me laisse toutes les demoiselles à reconduire... cela m'a coûté quatre bols de punch et trois heures de voiture, parce qu'avant de pouvoir en trouver une, nous sommes restés fort longtemps au café à consommer. Enfin, depuis ce jour-là, je n'ai pas aperçu mon jeune ami, et il a toujours mes portraits. Cela m'a fait faute dernièrement, parce que j'ai écrit à de vieilles connaissances d'Orléans, qui auraient été contentes de l'avoir.

— Tu ne sais donc pas l'adresse de ton jeune homme ?

— Si, mais il a toujours déménagé quand on va chez lui ; mais tout à l'heure il m'avait semblé le voir entrer dans ce passage... j'y suis entré... je ne l'ai pas trouvé... et dans tout cela je n'ai pas encore déjeuné.

— Tu n'as pas déjeuné, et il est près de midi ?
— Oui, j'ai flâné en regardant les boutiques. Veux-tu déjeuner avec moi ? nous allons entrer dans un de ces cafés... il n'en manque pas par ici; on n'a que l'embarras du choix.
— Oh ! moi, j'ai déjeuné avec ma femme ; mais c'est égal, je te tiendrai compagnie pendant que tu déjeuneras. D'ailleurs, je prendrais bien encore une demi-tasse et un verre de Chartreuse, le tout pour t'être agréable.

Ces messieurs entrent dans un café. Boniface se fait servir des côtelettes et des rognons. Calvados prend plusieurs journaux et lit les nouvelles. Au bout de quelques instants, deux jeunes gens, qui viennent d'entrer dans le café, vont se placer à une table, à côté de celle où déjeune notre provincial.

Les nouveaux venus ont aussi commencé à déjeuner ; mais bientôt celui qui est presque en face de Boniface paraît frappé d'étonnement. Il le regarde d'abord un peu, puis beaucoup plus, et bientôt dit à demi-voix à son compagnon :

— Pardieu ! je crois que le hasard vient enfin de me faire trouver cet homme que je cherche depuis assez longtemps.
— Comment ! qui donc ?
— Tu sais bien... je t'ai conté cette affaire... au Château-des-Fleurs, il y a trois semaines... ou un mois... enfin, à la sortie, j'étais avec madame Noirville... il faisait un orage affreux.

J'étais parvenu à trouver et à retenir une voiture, quand je reviens pour la prendre avec ma dame, un monsieur s'en était emparé ; je veux qu'il en descende, il refuse. Bref, nous nous querellons, je traite ce monsieur de polisson, de drôle... Je lui demande sa carte, il me la jette et la voiture part. Mais le plaisant de l'affaire, c'est qu'en croyant probablement me donner son adresse, mon impertinent m'avait jeté son portrait photographié que j'ai toujours gardé précieusement, et que j'ai même encore dans ma poche.

— Eh bien, ton monsieur ?
— Il est là, à côté de toi, à la table voisine.
— Tu crois ?
— Oh ! j'en suis sûr ; d'ailleurs, je vais te passer son portrait et tu verras si ce n'est pas cela.
— C'est ma foi vrai... il est frappant... oh ! ce doit être lui.

Boniface continuait de manger ses côtelettes sans remarquer l'attention que ses voisins mettaient à le regarder ; mais Calvados, qui a jeté les journaux, ne tarde pas à s'apercevoir que son ami est constamment le point de mire des deux jeunes gens attablés près d'eux ; il se penche vers Triffouille et lui dit :

— Est-ce que tu connais ces messieurs qui sont à côté de toi ?
— Ces deux jeunes gens ?... ma foi non ; voilà la première fois que je les vois. Pourquoi me demandes-tu cela ?
— Parce que depuis quelque temps ils t'exami-

nent, te toisent, te regardent d'une façon singulière... cela devient même inconvenant... celui qui est de mon côté surtout.

— Probablement je ressemble à quelqu'un de leur connaissance.

— On ne toise pas les personnes comme cela... c'est indécent.

— Voyons, tu ne veux pas que je me fâche parce qu'on me regarde ?

— Ah ! bigre ! si c'était moi qu'on regardât de la sorte ! Je te dis que ce n'est pas naturel.

En ce moment, celui des deux jeunes gens qui faisait presque face à Boniface, se penche de son côté et lui dit :

— Ne vous étonnez pas, monsieur, si je vous regarde avec cette attention, c'est qu'il y a bien longtemps que je désirais vous rencontrer, et je me félicite d'y être enfin parvenu.

— Vous désiriez me rencontrer ?... moi, monsieur ?

— Oui, monsieur, vous-même... je vous cherchais partout : aux spectacles, dans les promenades... car nous avons une certaine affaire à vider ensemble.

— Nous avons une affaire... nous deux ?...

— Oui, monsieur. Oh ! vous ne me reconnaissez pas ? je le conçois, il faisait nuit quand nous nous sommes rencontrés, et moi-même certainement, il m'eût été impossible de vous reconnaître, si vous ne m'aviez pas donné votre portrait, en croyant me donner votre adresse.

Boniface ouvre de grands yeux en répondant :

— Je vous ai donné mon portrait... à vous, monsieur ? Allons, vous faites erreur ; cela ne se peut pas.

— Tenez, monsieur, n'est-ce pas votre portrait, cela ? j'en fais juge monsieur qui est avec vous.

Calvados se penche sur le portrait-carte et s'écrie :

— Oui, pardieu, c'est toi. Oh ! il est très-bien... il est parfait.

— C'est vrai, c'est bien mon portrait, je me reconnais moi-même ; mais comment se trouve-t-il en votre possession, monsieur ?

— C'est bien simple. Vous avez été au Château-des-Fleurs... il y a un mois. Tenez, un jeudi, il y aura demain quatre semaines.

— En effet, monsieur, je me rappelle ; oui, j'y fus... et même le temps, qui était fort beau d'abord, tourna tout à coup à l'orage, si bien que, pour s'en aller, il était fort difficile d'avoir des voitures.

— Allons donc, nous y voilà ! c'est cela même, et vous voilà arrivé au moment où nous avons fait connaissance. J'avais retenu une voiture, elle m'attendait devant la sortie ; quand j'y revins pour y monter avec la dame qui m'accompagnait, vous vous étiez emparé de ma voiture, vous étiez dedans avec une dame. Je réclamai ce qui m'appartenait, vous avez refusé de descendre. Oh ! je vous y aurais bien forcé, sans le sergent de ville qui ordonna au cocher de filer ; mais je ne suis pas d'humeur à souffrir une impertinence ; je vous ai demandé votre carte et vous m'avez jeté ceci au nez. Voilà, monsieur, comment je me trouve en possession de votre photographie... c'est ce qui m'a permis aujourd'hui de vous reconnaître, ce dont je suis enchanté, puisque je puis vous demander raison de l'insulte que vous m'avez faite ce soir-là.

Boniface doute s'il veille, il pousse une exclamation qui fait retourner toutes les personnes qui sont dans le café, en s'écriant :

— Par exemple ! c'est trop fort ; mais je ne comprends rien du tout à ce que vous me dites, monsieur... ce n'est pas moi qui ai pris votre voiture. J'avais cinq demoiselles à reconduire ce soir-là, c'est vrai, mais nous sommes restés au café jusqu'à une heure du matin avant de trouver un fiacre.

— Monsieur, vous avez oublié cette aventure, ou vous ne voulez pas vous en souvenir ; mais vous ne pouvez pas nier que ce portrait ne soit le vôtre.

— Ce portrait... assurément c'est le mien.

— Alors, vous voyez bien que c'est vous qui m'avez pris ma voiture et laissé barboter à pied avec une dame qui en a fait une maladie ; c'est pourquoi nous nous battrons, à l'épée ou au pistolet, ça m'est égal.

— Pas plus à l'un qu'à l'autre, monsieur, pas même au bâton, répond Boniface, qui est devenu fort pâle en entendant parler de se battre, et dans son trouble frappe avec colère sur la table et fait sauter un de ses rognons à la brochette au visage de celui qui lui parle.

— Sapristi ! monsieur, vous me tachez maintenant.

— Je ne l'ai pas fait exprès, monsieur ; mais je ne peux pas me battre pour une chose qui ne me regarde pas...

— Et qui donc alors m'a donné votre portrait ?

— Qui ?... parbleu ! je m'en doute bien maintenant... C'est un petit jeune homme qui était venu avec moi au Château-des-Fleurs ; dans la soirée, il s'est emparé de mes cartes photographiées pour en distribuer à des dames... il a oublié de me les rendre... nous ne l'avons plus retrouvé pour partir. C'est lui qui aura pris votre voiture, il n'y a pas de doute.

— Et comment nommez-vous ce jeune homme, monsieur ?

— Sibille Peloton, négociant... en chambre...

— Sibille Peloton ! voilà de singuliers noms... Et où demeure-t-il ce M. Peloton ?

— Où il demeure ? Ma foi, je ne saurais pas vous dire... il demeurait... où j'ai été ; mais il a déménagé, on ne sait pas son adresse.

— Permettez-moi de vous dire, monsieur, que tout ceci me semble une histoire faite à plaisir. C'est un autre qui a vos portraits, qui les donne pour vous, et vous ne savez même pas où demeure cet autre... je ne puis pas me payer de cette monnaie... Veuillez bien me donner votre adresse, monsieur...

— Mon adresse... pour quoi faire ?

— Parce qu'il me la faut... c'est indispensable. Tenez, voici la mienne.

— La vôtre ! mais je n'en ai pas besoin.

— Pardonnez-moi, monsieur. Votre adresse, s'il vous plaît ?

— Et si je ne veux pas vous la donner, moi ?

— Ah ! monsieur ! je vous en prie, ne me forcez pas à employer des moyens qui me répugnent.

— Voyons, sacrebleu, Boniface, donne donc ton adresse et que cela finisse ! s'écrie Calvados.

— Je te trouve encore bon, toi, de vouloir que je me batte pour les sottises d'un autre !

Cependant le pauvre Boniface se décide à fouiller à sa poche, il en tire son adresse qu'il remet en tremblant à ce jeune homme.

Celui-ci la prend en disant :

— Monsieur, demain à huit heures du matin, mes témoins seront chez vous ; veuillez faire en sorte que les vôtres s'y trouvent.

— Mais encore une fois, monsieur, ce n'est pas moi qui ai pris votre fiacre.

— Si ce n'est pas vous, trouvez celui qui m'a donné votre portrait, je me battrai avec lui... je le veux bien ; mais si vous ne pouvez pas le trouver, c'est qu'il n'existe pas, et alors je me battrai avec celui dont j'ai le portrait, c'est-à-dire, avec vous. Monsieur, j'ai bien l'honneur de vous saluer.

Le jeune homme se lève et quitte le café avec son ami. Boniface est consterné, il n'a plus faim et s'écrie :

— Un duel à présent !... un duel parce que M. Sibille fait des impertinences, des insolences ! Mais ce petit bonhomme-là est donc né pour mon tourment... pour me fourrer sans cesse dans les affaires les plus désagréables ! Ah ! si je le tenais !

— Voyons, calme-toi, Boniface, je te servirai de témoin avec mon neveu ; il entend ces affaires-là, il réglera tout cela comme il faut.

— Fiche-moi la paix, avec ton neveu ! je ne veux pas de témoins, puisque je ne veux pas me battre... Je te trouve charmant de vouloir que j'endosse les sottises d'un autre.

— Alors il faut tâcher de trouver ton jeune homme... d'ici à demain matin, ce sera peut-être difficile. Voyons donc quel est le nom de ton adversaire... « Léon Guerbois, peintre. » Je ne connais pas cela... il a l'air assez distingué...

— C'est-à-dire qu'il a l'air d'avoir une très-mauvaise tête... vouloir se battre pour une voiture qu'on lui a prise il y a un mois... il faut être rancunier.

— Ecoute donc, et sa dame qui a pataugé à pied...

— Est-ce ma faute à moi ? et ce polisson de Sibille qui lui donne mon portrait au lieu de lui donner son adresse ; mais je mérite cela, ça m'apprendra à me faire photographier... Qu'est-ce que c'est que cette manie d'avoir maintenant son portrait dans sa poche, comme une carte de visite... de le donner à ses amis et connaissances comme une pastille de menthe ou de la pâte de jujube ! Quel cas voulez-vous que l'on fasse maintenant de notre image, si nous la prodiguons ainsi à droite et à gauche ? Je gagerais qu'il y a des gens qui, pour placer leur portrait, le donnent à leur épicier, à leur porteur d'eau... Je te répète que je trouve cela stupide.

— Tu parles ainsi parce que tu es en colère, mais cette nouvelle invention a cependant son bon côté. Ah ! mon ami ! si la photographie avait été connue il y a trente ans, j'aurais aujourd'hui les portraits de toutes les dames dont j'ai été l'heureux vainqueur... Quelle galerie, Boniface ! quelle charmante galerie !... et comme je serais heureux et fier aujourd'hui, en la montrant à mes amis!

— Si tu tenais tant à avoir le portrait de chacune de ces dames, il fallait les faire faire en miniature ou à l'huile.

— C'était trop cher, mon ami, et puis c'était trop long. Aujourd'hui, grâce à cette précieuse découverte, vous montez chez un photographe avec votre belle, et crac, en quelques secondes le portrait est fait, et trois jours après vous l'avez. Tiens, Boniface, je te parie quelque chose que maintenant pas un jeune homme ne se privera du portrait de sa maîtresse. Veux-tu parier ?

— Ah ! que tu m'ennuies... il s'agit bien de gageure. Voyons donc encore l'adresse de mon batailleur ?

Boniface considère quelques instants la carte que le jeune homme lui a remise, puis tout à coup il s'écrie :

— Peintre... c'est un peintre... Ah ! quelle idée! quel espoir !... Viens, Calvados, viens vite.

— Où cela ?

— Chez M. Roger.

— Pour quoi faire ?

— Il est peintre aussi ou dessinateur, enfin il est artiste ; il en connaît beaucoup... il connaîtra peut-être celui-ci.

— Et après ?

— Comment, après ? M. Roger est un charmant garçon, très-obligeant ; il ne voudra pas que je me batte pour une affaire qui ne me regarde pas.

— Tu crois ?

— Enfin c'est une planche de salut... viens... si tu ne peux pas m'accompagner, j'irai seul.

— Par exemple ! quitter un ami quand il a un duel sur les bras... jamais... Moi et mon neveu, nous sommes tes témoins... nous réclamons cet honneur.

Boniface n'écoute plus Calvados ; il se hâte de payer sa dépense, et ces messieurs sortent du café et se rendent à la hâte chez Roger.

L'artiste était seul chez lui ; il venait de donner encore une séance à madame de Beauvert, dont il avait achevé le portrait que celle-ci s'était obstinée à lui laisser, en prétextant qu'il y avait encore des changements à y faire. Comme les visites de Paola devenaient très-fréquentes et que cela ennuyait beaucoup Roger, il était décidé à déménager pour n'avoir plus le voisinage de cette dame.

— Ah ! grâce au ciel, le voilà ! il est chez lui ! s'écrie Boniface en entrant dans l'atelier.

— Eh ! mon Dieu ! qu'y a-t-il donc, messieurs?... demande Roger surpris de l'air bouleversé du provincial.

— Il y a, mon cher monsieur Roger, que je ne vois que vous qui puissiez me sauver la vie !

— Ah ! mon Dieu ! que me dites-vous là ? mais si cela dépend de moi, soyez tranquille, je vous la sauverai. Voyons, expliquez-vous.

— Je vous assure, monsieur Roger, que Boniface exagère les choses... D'abord moi et mon neveu nous sommes là.

— Tais-toi, Calvados, je t'en prie, et ne fourre pas ton neveu là-dedans. Mais avant tout, mon cher monsieur Roger, connaissez-vous un peintre qui s'appelle Léon Guerbois ?

— Guerbois ?... oui, certainement, je le connais beaucoup ; c'est un de mes anciens camarades d'école.

— Oh ! alors tout va bien !... vous ne souffrirez pas qu'il me tue en duel.

— Vous ! un duel avec Guerbois ? et à quel propos ?

— Parce que je me suis fait photographier, mon Dieu ! parce que j'ai eu cette faiblesse.

— Je ne comprends pas...

— Vous vous rappelez bien ce jour... ou plutôt ce soir où nous allâmes au Château-des-Fleurs ?

— Oui... eh bien ?

— Moi, j'y étais allé avec ce petit scélérat de Sibille.

— Ah ! il y a encore du Sibille là-dedans ! vous auriez dû vous méfier cependant.

— J'avais mes portraits-cartes dans ma poche... nous rencontrons des demoiselles de magasin... fort aimables...

— Vous leur donnez votre portrait...

— Non, je n'osais pas ; mais ce jeune drôle, car décidément c'est un drôle, me prend mon paquet de cartes, en distribue à ces demoiselles, puis, par inadvertance sans doute, met le reste dans sa poche, et moi j'oublie de les lui redemander.

— Je ne vois pas encore.

— Attendez donc ! Plus tard, ce monsieur nous quitte, me laissant cinq demoiselles à reconduire... c'était beaucoup ! mais enfin, s'il n'avait fait que cela. Vous devez vous rappeler qu'il fit le soir un orage épouvantable... J'eus bien de la peine à trouver une voiture pour moi et ces demoiselles... d'autant plus que nous étions six... le cocher ne voulait pas nous prendre tous les six ; ça me coûta fort cher...

— Arrive donc à ton jeune homme.

— Calvados, si tu me troubles, je vais m'embrouiller. Eh bien, savez-vous ce que ce... mauvais sujet de Sibille faisait pendant ce temps-là ? il prenait la voiture retenue par votre ami Guerbois... ne voulait plus la rendre ; de là, dispute, querelle. Puis, au lieu de donner son adresse à ce monsieur, savez-vous ce qu'il lui a jeté ? mon portrait !

Roger éclate de rire, en disant :

— Ah ! elle est bonne celle-là !... elle est digne de Sibille.

— Vous trouvez la chose plaisante... mais vous ne savez pas que ce M. Guerbois, n'ayant pas bien vu Sibille dans la nuit et au fond d'une voiture, a conservé le portrait qu'on lui a donné... qu'il en cherchait partout l'original... et aujourd'hui au café, où j'étais avec Calvados, un jeune homme qui me dévorait des yeux depuis longtemps, me présente mon portrait en me disant :

« — Il y a longtemps que je vous cherche, monsieur ; c'est vous qui avez pris ma voiture, nous nous battrons en duel. »

J'ai beau lui jurer que ce n'est pas moi qui me suis emparé de son fiacre, il ne veut rien entendre, et demain matin il m'envoie ses témoins.

— Oui, mais je serai là avec mon neveu, et nous saurons...

— Encore une fois, Calvados, je ne veux pas que tu m'amènes ton neveu ; mets-le en sentinelle près de ta femme si ça te convient, tu en es le maître, mais ne le mêle pas là-dedans. Comment, monsieur Roger, vous riez encore ?

— Excusez-moi, mon cher monsieur Boniface ; mais je trouve cette aventure si comique...

— Comique !... vous trouvez comique que ce peintre veuille absolument me tuer demain ?

— D'abord, rassurez-vous, ce duel n'aura pas lieu ; je verrai Guerbois, je me charge d'arranger cette affaire, de lui faire entendre raison.

— Vraiment !... vous serez assez bon... ce cher Roger... vous me rendez la vie... c'est que votre ami Guerbois me fait l'effet d'être entêté comme un mulet... il dit qu'il lui faut moi ou celui qui lui a donné ma carte.

— Encore une fois, ne vous inquiétez pas... je vous promets...

Roger n'a pas le temps d'achever sa phrase. La porte de l'atelier est ouverte brusquement ; quelqu'un entre en sautillant et se trouve tout de suite au milieu de ces messieurs qui poussent un cri de surprise en reconnaissant Sibille.

— Ah ! parbleu ! voilà qui simplifie beaucoup la question, dit Roger, tandis que Boniface pousse un cri de joie qui fait vibrer les vitres.

Le jeune Peloton salue à droite et à gauche d'un air fort délibéré.

— Bonjour, messieurs, comment allez-vous ? Tiens, voilà ce cher monsieur Boniface... Ah ! ce hasard !... je venais de la part de mon cousin... pour un déjeuner..,

— Laissons là votre cousin. Corbleu ! monsieur Peloton, dit le provincial en roulant de gros yeux, savez-vous que vous m'avez mis dans une belle affaire... que je suis très en colère contre vous, monsieur !... et que, sans M. Roger, j'étais exposé à avoir un duel... et que je n'aime pas les duels ; mais enfin, vous voilà, et, comme dit monsieur, cela simplifie la question.

— Qu'est-ce qu'il y a donc, cher monsieur, et pourquoi êtes-vous en colère ? parce qu'au Château-des-Fleurs je vous ai laissé cinq jolies demoiselles à reconduire... il se plaint que la mariée est trop belle...

— Il n'est pas question de mariée... D'abord, monsieur, pourquoi avez-vous gardé mes portraits-cartes au lieu de me les rendre ?

— Ma foi, je n'y ai plus pensé ; mais je dois les avoir dans mon porte-cigares... je vais vous les rendre.

Sibille fouille à sa poche et tire de son porte-cigares des photographies qu'il remet à Boniface.

— C'est gentil... mon portrait empeste le tabac à présent. Qu'est-ce que c'est que ça, monsieur? vous me rendez quatre portraits sur douze que je vous ai remis.

— Mais vous savez bien que j'en ai d'abord distribué cinq à ces demoiselles.

— Quatre, monsieur; il y en a une qui n'en a pas voulu.

— Au reste, soyez tranquille, les autres sont bien placés... chez des femmes charmantes... qui brûlent d'envie de faire votre connaissance.

— Oui, comme ce monsieur dont vous avez pris la voiture en sortant du Château-des-Fleurs... vous lui avez donné mon portrait au lieu de votre adresse; et depuis ce temps, il me cherchait partout pour se battre avec moi.

— Ah bah !... quelle plaisanterie !...

— Ce n'est point une plaisanterie; demandez à ces messieurs.

— Le duel est pour demain, dit Calvados; moi et mon neveu nous aurions servi de témoins à Boniface, mais nous serons volontiers les vôtres; car, naturellement, puisque vous voilà, vous, l'auteur de l'offense, c'est vous qui vous battrez, et non pas lui.

— Comment !... c'est tout de bon? murmure Sibille qui ne rit plus.

— Oui, jeune Sibille, dit à son tour Roger.

— Et si vous voulez venir avec moi chez votre adversaire, Léon Guerbois, peintre, dont voici l'adresse, nous prendrons tout de suite son heure et fixerons le lieu du rendez-vous.

— Ah ! c'est tout de bon... comment ? ce monsieur veut se battre pour une voiture, un mauvais coupé... à un cheval ?

— Que voulez-vous ? Il y a des gens susceptibles. Il prétend que la dame qui était avec lui a été malade pour avoir été mouillée.

— Voyons l'adresse de ce monsieur.

Sibille prend la carte, la regarde, la tourne dans ses doigts, semble réfléchir, puis tout à coup s'écrie :

— Je vais y aller tout seul !

Et, se précipitant vers la porte, il sort de l'atelier avant qu'on ait eu le temps de lui répondre.

— Comment ! il est parti ! dit Boniface.

— Il s'est écrié qu'il allait chez M. Guerbois, dit Calvados.

— Et moi je suis bien persuadé qu'il n'ira pas, et que nous ne le reverrons plus de longtemps, dit Roger en riant de la fugue exécutée par Sibille.

Mais Boniface frappe du pied en s'écriant :

— Sapristi ! mais alors on va retomber sur moi !

— Rassurez-vous, mon cher monsieur, reprend Roger ; je vais sur-le-champ me rendre chez Guerbois. Je lui parlerai et je vous certifie que vous n'aurez plus à vous inquiéter de cette affaire. J'irai demain vous apprendre le résultat de ma visite.

— Allons, vous me rassurez un peu. Viens, Calvados ; merci mille fois, mon cher Roger, de la peine que vous voulez bien prendre.

Et Boniface quitte l'atelier avec son ami, en disant :

— Pourvu que ce jeune polisson ne m'attire pas

d'autres méchantes affaires avec les portraits qui manquent. Je ne vais plus oser me promener, aller au spectacle ou au café, de peur d'être reconnu et apostrophé !... Sapristi ! que je suis donc fâché de m'être fait photographier !

XXIX

Rencontre au bois.

Madame de Beauvert continuait d'être d'une humeur insupportable, dont souffrait surtout son riche entreteneur, M. Bernouillet qui, certes, n'était pas cause de l'irritation constante des nerfs de cette dame. Ce monsieur s'ingéniait en petits soins, en prévenances et en riches cadeaux, à mesure que sa maîtresse augmentait ses rebufades, ses boutades et son air maussade. Mais il y a des hommes qui veulent être malmenés par les femmes qu'ils entretiennent, et celui-ci était servi à souhait.

La belle Paola, qui voyait tant de gens du monde briguer ses faveurs, ne pouvait comprendre qu'un modeste artiste fût insensible à ses charmes et ne répondit pas à ses avances ; elle en éprouvait à la fois du dépit, de la colère et de la jalousie. Elle était désolée d'avoir mal employé son temps, en brouillant Roger avec Thélénie, et se désespérait de ne pouvoir découvrir de quelle femme il était amoureux.

Un matin, Paola vient encore de donner plus de soins à sa toilette ; une nouvelle petite toque espagnole est posée coquettement sur sa tête, et elle s'apprête à monter au cinquième pour faire une nouvelle tentative sur le cœur de Roger, lorsque mademoiselle Léontine l'arrête en lui disant :

— Madame sort ; mais elle n'a pas demandé de voiture...

— Je n'ai pas besoin de voiture pour monter à l'atelier de cet ingrat... de ce monstre... que j'ai la faiblesse d'aimer toujours.

— Ah ! c'est chez M. Roger que madame allait ?

— Sans doute ; tu vois bien que je n'ai ni châle ni manteau.

— Que madame ne se dérange pas alors, elle grimperait inutilement les étages et se fatiguerait pour rien.

— Que veux-tu dire ?

— Que M. Roger ne demeure plus dans la maison ; il est déménagé.

— Déménagé ! Depuis quand ?

— Depuis hier, pas plus tard ; c'est le concierge qui m'a appris ça ce matin. Oh ! il paraît que cela a été vite bâclé ! une grande voiture a tout emporté.

— Déménagé !... il a quitté cette maison pour

ne plus être près de moi, pour ne plus recevoir mes visites. Ah! le traître! le perfide! l'infâme! Déménagé!...

Et, dans sa fureur, Paola ôte sa charmante toque, la jette à terre, la foule aux pieds, en fait autant de son fichu, de sa ceinture; elle va même jusqu'à déchirer les manches de sa robe. La femme de chambre ramasse tout ce que jette sa maîtresse et cache tout cela en se disant :

— Cela pourra encore servir, les morceaux en sont bons.

Puis elle va s'éloigner, de peur que sa maîtresse ne passe aussi sur elle sa colère; mais madame la rappelle en criant:

— Léontine!
— Madame?
— Où est-il allé?
— Qui cela, madame?
— Comment, qui cela? et de qui parlons-nous? vous êtes donc aussi bête que M. Bernouillet, vous?
— Ah! non, madame; par exemple, j'espère bien que ça ne va pas jusque-là!
— Je vous demande où il est allé se loger... lui... ce monstre... que j'exècre!
— M. Roger... mais je n'en sais rien, moi, madame.
— Quoi! vous n'avez pas eu l'esprit de le demander au concierge? Ah! quelle buse!... mais allez donc alors... courez donc vous en informer.
— Il ne l'a peut-être pas dit, s'il ne veut pas... que madame aille chez lui.

— Vous êtes une sotte !... Est-ce qu'un artiste, un peintre peut cacher sa demeure ? Allez vite demander...

Mademoiselle Léontine descend en se disant :

— Tu me payeras un jour toutes tes sottises, toi. Je suis enchantée que ce beau jeune homme n'ait pas voulu d'elle : ça lui apprendra à tant faire sa tête.

Et la femme de chambre remonte au bout d'un moment crier :

— Rue de Seine, 29, faubourg Saint-Germain.

— Faubourg Saint-Germain, dans un autre quartier bien éloigné de celui-ci. Oui, c'est pour ne plus recevoir mes visites qu'il est allé se loger si loin. Oh ! qu'il soit tranquille, ce monsieur, je n'irai certes pas le chercher là. Probablement celle qu'il aime demeure au faubourg Saint-Germain... et ne pouvoir la connaître cette femme ! mais je ne suis entourée que d'imbéciles, qui ne sont pas en état de rien trouver, de rien savoir.

Ces mots s'adressaient naturellement à la femme de chambre, qui murmure entre ses dents :

— Madame trouve tout le monde bête... madame n'a cependant pas été plus maligne, en courant pour rien chez tous les parfumeurs.

— Qu'est-ce que vous dites, mademoiselle ?

— Je dis que madame s'est donné bien de la peine... inutilement...

— Donnez-moi ma perruche... ma Cocotte... il n'y a qu'elle qui me comprenne, qui compatisse à mes ennuis. N'est-ce pas, ma belle... ma mignonne ?

— *Ah ! qu'il est bête, celui-là !*

— Bon ! voilà Cocotte qui prend madame pour M. Bernouillet. A propos, ce monsieur a fait dire qu'il viendrait chercher madame sur les deux heures.

— Il ne me trouvera pas... je ne suis pas disposée à le supporter aujourd'hui, Léontine, allez chez le carrossier voisin, qu'il m'envoie sur-le-champ une calèche, je sortirai dès qu'elle sera en bas ; et quand M. Bernouillet viendra, vous lui direz que je suis chez une de mes amies, qui a la rougeole.

La calèche arrive. Madame de Beauvert s'y place et dit au cocher :

— Au bois.

Arrivée au bois, où il y a foule de voitures, la calèche ne va plus qu'au pas, madame ne voulant pas descendre, et désirant seulement se faire voir et répondre aux saluts d'élégants cavaliers qui passent près d'elle. Mais outre les cavaliers, il y avait aussi de nombreux gandins et des personnages du grand monde qui se promenaient à pied dans le bois. Paola jetait nonchalamment ses regards sur tout ce monde et daignait encore accorder des sourires aux lions, aux hommes à la mode empressés de la saluer.

Tout à coup elle est fort surprise et même choquée de se voir saluer par un petit jeune homme, dont le paletot est très-mesquin, le chapeau déjà usé et qui n'a pas de gants. Au lieu de répondre à ses saluts, Paola prend un air dédaigneux et détourne la tête en se disant :

— Qu'est-ce c'est que ça !... est-ce que je connais ça !... il se trompe assurément ce petit monsieur...

Mais à peine la voiture a-t-elle fait quelques tours de roue, que la mémoire revient à Paola, elle se rappelle que c'est dans l'atelier de Roger qu'elle a vu ce jeune homme ; aussitôt elle crie à son cocher d'arrêter, et, mettant sa tête en dehors, cherche des yeux celui qui la saluait, et l'aperçoit immobile à la même place, assez mécontent de ce qu'on n'avait pas répondu aux saluts qu'il avait prodigués.

Depuis que Sibille était parti de chez Roger si précipitamment, il ne se promenait plus guère dans l'intérieur de Paris, où il craignait de faire des rencontres fâcheuses. Au lieu d'aller chez le peintre Léon Guerbois pour lui rendre raison de l'offense qu'il lui avait faite, en sortant de l'atelier il avait couru chez lui dire à son portier :

— Si on vient me demander, dites toujours que je n'y suis pas, que vous ne savez jamais quand je rentre... si on insistait pour me voir, dites que je suis parti pour la campagne et peut-être pour l'étranger.

Ensuite le jeune Sibille avait cessé de fréquenter les cafés, les spectacles, et avait jugé prudent de se promener de préférence dans les environs de Paris. Cependant, le bois de Boulogne fait maintenant partie de la capitale ; mais après avoir été à Sèvres, Sibille n'avait pu résister au désir de voir le beau monde dans l'endroit qu'il fréquente plus habituellement, et voilà pourquoi il s'était trouvé sur le passage de la calèche dans laquelle trônait madame de Beauvert.

Sibille avait de bons yeux et de la mémoire, il avait sur-le-champ reconnu cette dame que cependant il n'avait vue qu'une fois, dans l'atelier de Roger. Il s'était empressé de la saluer, enchanté d'avoir l'air d'être de la connaissance d'une femme à la mode; mais il avait été beaucoup moins charmé de l'accueil fait à ses saluts. On doit juger de sa surprise en voyant la belle voiture s'arrêter et la dame élégante qui est dedans pencher sa tête, puis lui faire, avec sa main, signe de venir à elle.

Dans sa joie, le jeune Peloton ne fait qu'un saut jusqu'à la calèche, et là il fait de nouvelles salutations à cette dame, qui lui dit :

— Je ne vous avais pas reconnu d'abord, monsieur, veuillez m'excuser...

— Ah! madame... par exemple... c'est moi qui dois m'excuser de m'être permis... mais je vous ai reconnue tout de suite... les jolies femmes ne s'oublient pas...

— C'est dans l'atelier de M. Roger que je vous ai rencontré, n'est-ce pas, monsieur?

— Oui, madame, dans l'atelier de mon ami Roger... Oh! c'est un de mes amis intimes...

— Monsieur, si vous aviez le temps, voulez-vous monter un peu dans ma voiture?... ce sera plus commode pour causer.

— Comment donc, madame! si j'ai le temps! mais je ne l'aurais pas que je le prendrais!... Trop heureux... trop flatté... puisque vous permettez...

Et, dans son ivresse de monter en voiture près d'une dame remarquable par l'élégance de sa toilette, le jeune Peloton se précipite avec tant de force dans la calèche, qu'il manque de tomber par-dessus l'autre portière; mais heureusement il se retient en s'agrippant au cocher. Enfin il s'est assis en face de cette dame et la voiture se met en marche.

— Ah! vous êtes un ami intime de M. Roger? dit Paola, après avoir laissé Sibille chercher un moyen de placer ses jambes sans toucher à sa robe.

— Oui, madame, oui... c'est-à-dire... intime... vous savez, entre jeunes gens, ça se dit toujours... du reste je le connais beaucoup... et mon cousin aussi...

Et tout en parlant, Sibille se penche à droite et à gauche; il ne craint plus d'être vu, bien au contraire; son amour-propre est si flatté d'être au bois en calèche, avec une si belle dame, que cela l'emporte sur ses anciennes frayeurs; puis tout à coup il se lève et se tient debout, en ayant l'air de chercher dans ses poches.

— Qu'avez-vous donc, monsieur? est-ce que vous avez perdu quelque chose? demanda Paola impatientée de ce que son vis-à-vis ne se tient pas tranquille.

— Madame... oui... ce sont mes gants... Je m'aperçois que je n'ai pas de gants... moi qui en ai toujours... c'est singulier, je ne les trouve pas dans mes poches... je les aurai perdus en tirant mon mouchoir.

— C'est un léger malheur, monsieur; il ne faut pas que cela vous contrarie.

— Oh! si fait... parce que... justement, moi qui ai toujours des gants...

— Cocher, prenez à droite... suivez des allées moins fréquentées.

— Comment! madame, vous voulez quitter l'endroit où le beau monde se donne rendez-vous... vous si bien faite pour y briller...

— Oui, monsieur, toute cette foule, cela me fait mal aux yeux... je ne suis pas fâchée de la fuir un peu.

Sibille est contrarié de ce que la voiture quitte l'endroit où il y a du monde pour prendre des chemins presque déserts et il se dit:

— Probablement c'est parce que je n'ai pas de gants qu'elle a donné cet ordre; quelle maladresse à moi!... désormais j'en aurai toujours une paire dans ma poche, et dans des occasions comme celle-ci, on les met.

— Monsieur, puisque vous êtes lié avec M. Roger... vous devez connaître aussi... ses maîtresses... Ma question vous semble peut-être un peu indiscrète... mais je vous avouerai que j'ai quelques raisons pour vous la faire.

— Mon Dieu! madame, il n'y aucune indiscrétion là-dedans. Nos amours, à nous autres jeunes gens, ne sont pas de ces mystères qu'on craigne de trahir... bien au contraire... nous aimons à les conter... à moins cependant qu'il ne s'agisse d'une ersonne que l'on craindrait de compromettre. Oh! alors... on sait être discret; moi par exemple, je me ferais tuer cent fois plutôt que de divulguer une bonne fortune avec quelqu'un qui... quelqu'un que...

— Monsieur, vous avez dû alors savoir que M. Roger avait pour maîtresse une fille... qui était chez un parfumeur.

— Thélénie... c'était Thélénie!... une fort jolie brune... belle femme... c'est-à-dire belle... il y a beaucoup mieux! il y a cent fois mieux! mais Roger n'est plus avec elle... il l'a lâchée... pardon, je veux dire il l'a quittée...

— Vous croyez?

— J'en suis sûr... je l'ai su un des premiers par Tontaine... surnommée Bouci-boula, une fleuriste qui loge avec Thélénie... et que j'ai rencontrée il y a deux jours, et qui même m'a forcé de la régaler de meringues... c'est une petite fille qui est d'une gourmandise...

— Alors ce n'est plus cette demoiselle Thélénie qui est la maîtresse de votre ami Roger?

— Non; oh! ils ont rompu complétement... on dit que le petit Jules retourne folâtrer près de la belle brune... il est assez bête pour cela... moi, je ne comprends pas qu'on reprenne une ancienne maîtresse!... alors ce n'était pas la peine de la quitter... Êtes-vous de mon avis, madame?... Sapristi! que ça me contrarie de n'avoir pas de gants!

— Mais, monsieur, cela dépend; on peut quelquefois se brouiller, se quitter pour un motif frivole dont on a regret ensuite. Alors vous êtes certain que M. Roger n'est plus avec cette demoiselle Thélénie?

— Parfaitement certain, madame; il y a déjà près d'un mois qu'ils ne se voient plus.

— Oh! alors depuis ce temps M. Roger a probablement formé une autre liaison... Connaissez-vous sa nouvelle maîtresse?

— Il n'en a pas, madame; non, depuis Thélénie, on ne l'a vu avec personne.

— Vous croyez!... Ah! vous pensez qu'il n'aime personne...

— Oh! permettez... je n'ai pas dit qu'il n'aimait personne... au contraire; je crois qu'il est très-amoureux dans ce moment-ci... et s'il n'a pas de maîtresse pour l'instant, c'est qu'il guigne une jeune fille qui fait la cruelle...

— Vous avez dit, monsieur?

— Ah! pardon! j'ai dit *il guigne*... oui, c'est notre mot à nous pour exprimer que l'on convoite, que l'on guette une femme...

— Et cette jeune fille, dont il est amoureux, vous la connaissez... vous savez qui elle est... il vous a conté son amour pour elle?

— Du tout! il ne m'a rien conté... Oh! c'est encore un mystère pour beaucoup de monde... mais moi, rien ne m'échappe... je vois tout, je sais tout, je devine tout! comme feu le *Solitaire* que je n'ai jamais connu.

— Oh! monsieur, contez-moi donc tout ce que vous avez appris... deviné... cela m'amuse beaucoup de vous entendre...

— Madame, vous êtes bien bonne... je suis bien

flatté... assurément... et si je n'avais pas perdu mes gants...

— Mon Dieu! monsieur, ce n'est pas cela qui m'empêchera de vous écouter. Vous disiez donc que vous savez de qui M. Roger est amoureux...

— Oui, madame; ma foi, c'est le hasard qui m'a fait découvrir la passion secrète de Roger, car il n'est pas très-causeur, lui... il ne dit pas ses intrigues. Moi, il y des cas où je suis discret aussi... quand on a eu le bonheur d'avoir su plaire à une dame haut placée...

— Monsieur, vous vous écartez de votre sujet... ces amours de votre ami?

— Ah! c'est juste, madame... Il faut vous dire qu'un matin, comme je passais dans la rue de Rivoli, j'aperçus, arrêtées à quelques pas de moi, deux personnes que je reconnus tout de suite ; c'était Roger et une jeune fille qui est fort bien, ma foi... et qui a la réputation d'être sage... ce qui ne l'empêchait pas cependant d'écouter mon gaillard, qui la regardait comme s'il avait voulu la manger... et lui faisait des protestations d'amour... de tendresse...

— Vous avez entendu?...

— Oui, j'ai entendu un peu... je m'étais approché en ayant l'air de regarder dans une boutique! nos deux amoureux étaient si occupés d'eux, qu'ils ne firent pas attention à moi.

— Et enfin...

— Enfin, ils se séparèrent; mais j'en avais assez entendu pour être sûr que Roger faisait la cour à cette jeune fille. Cela ne m'a pas surpris, j'avais déjà eu des soupçons de la chose...

— Et cette jeune fille, vous la connaissez, vous savez ce qu'elle fait, où elle demeure?

— Certainement : elle est chez une lingère... Mon Dieu! c'est le magasin à côté du parfumeur chez qui est Thélénie.

— La lingère... à côté... Et le nom de cette jeune fille?

— Marie... Marie tout court; on ne lui connaît pas de nom de famille.

Madame de Beauvert a tressailli, elle a changé de couleur et elle murmure :

— Marie!... quoi... ce serait... Marie!...

— Oui, madame, la jolie Marie; est-ce que vous la connaissez?

— Oui... c'est-à-dire... de vue seulement... j'ai eu plusieurs fois l'occasion d'entrer chez cette lingère... Et c'est elle... c'est bien elle qui causait avec M. Roger?

— Oh! c'est elle... parbleu! je la connais bien... je l'ai guignée aussi... je veux dire lorgnée quelque temps; mais comme elle ne sort jamais, je ne pouvais pas lui parler.

— Si elle ne sort jamais, où donc Roger a-t-il pu faire sa connaissance?

— Ah! je vais vous dire. Vous saurez que mademoiselle Marie occupe dans la maison de sa lingère une petite chambre, qu'elle partage avec Thélénie et avec Tontaine, cette grosse fleuriste à qui j'ai payé des meringues et qui travaille à l'entre-sol, toujours dans la même maison ; ces demoisclles n'ont qu'une seule chambre pour elles trois, système d'économie de la part de leurs patrons. Alors, vous comprenez, en allant voir sa maîtresse Thélénie, Roger trouvait là Marie, et elle lui aura d'autant plus donné dans l'œil, qu'elle avait la réputation d'une Lucrèce, n'écoutant personne, n'étant d'aucune partie de plaisir de ces demoiselles ; mais ces beautés si farouches finissent tôt ou tard par s'apprivoiser.

— Oui, oui... je comprends maintenant ; si elle habitait avec cette Thélénie... en effet, il l'aura rencontrée là. Ah! si j'avais connu cette circonstance ! Et vous ne les avez pas recontrés ensemble depuis ?

— Non, madame, non ; mais depuis quelque temps j'ai été si occupé... je vais monter une maison de commerce, rue de Cléry ; je tiendrai les mousselines, les percales, les toiles... mais dans le beau, dans le très-beau... Si madame veut m'honorer de sa confiance, j'ose croire qu'elle ne s'en repentira pas ; du reste je pourrai porter de mes échantillons chez madame. Madame voudra bien me dire seulement quelle est l'heure à laquelle je puis me présenter sans que cela la dérange, et je serai toujours aux ordres de madame.

M. Peloton attendait vainement une réponse ; depuis quelques instants Paola ne l'écoutait plus, elle était absorbée dans ses pensées. Le jeune homme, vexé de ce qu'on ne fait plus attention à lui et de ce que la voiture suit une allée très-peu fréquentée, se penche vers le cocher et lui dit à demi-voix :

— Si vous retourniez dans la belle allée... autour du lac, il me semble que ce serait plus gai que par ici...

Mais en ce moment, madame de Beauvert sortant de ses réflexions s'écrie :

— Oui, oui. A Paris, cocher, nous retournons à Paris, allez un peu plus vite. Où désirez-vous que je vous mette, monsieur ?

— Mon Dieu ! madame, où vous voudrez... où vous irez, balbutie Sibille pris à l'improviste par cette question.

— Mais je vais chez moi, monsieur ; je vous mettrai au carré Marigny, alors.

— Oui, madame, oui, au carré... je dîne justement... dans les environs.

La calèche file. Sibille essaie de renouer l'entretien, mais la belle dame l'écoute à peine et ne lui répond plus que par monosyllabes. Enfin on arrête au carré Marigny ; alors le jeune homme se décide à descendre, mais il s'accroche à la portière en disant :

— Quand pourrais-je avoir l'honneur de me présenter chez madame avec des échantillons ?

— Je ne sais pas, monsieur.

Et Paola fait signe à son cocher de partir.

— Comment ! elle ne sait pas, se dit Sibille en regardant fuir la voiture : oh ! cela ne fait rien, je m'y présenterai tout de même ! mais ce jour-là j'aurai soin de mettre des gants.

XXX

La mère et la fille.

En arrivant chez elle, madame de Beauvert s'empresse de se mettre à son secrétaire et écrit à la hâte le billet suivant :

« Marie, j'ai besoin de vous voir, de vous par-
« ler ; cela est très-important et ne peut souffrir
« aucun retard. Venez donc chez moi demain dans
« la matinée : qu'on vous le permette ou non,
« venez ; il le faut, je vous attends. »

Après avoir signé ce billet du simple nom de Paola, elle le cachette et fait venir un commissionnaire auquel elle donne ses instructions.

Marie travaillait silencieusement dans son magasin ; depuis qu'elle avait pris la résolution de fuir Roger, de ne plus lui parler, elle était encore plus triste, et la pâleur de son visage, l'expression de ses yeux laissaient assez voir que son cœur éprouvait un violent chagrin. Cependant elle s'efforçait de sourire lorsque sa patronne lui parlait ;

elle aurait voulu cacher à tous les regards ce qui se passait au fond de son âme, mais elle ne savait pas encore bien dissimuler ses sentiments, cette science que tant de femmes possèdent dans la perfection.

L'arrivée d'un commissionnaire qui apporte une lettre pour la jolie demoiselle de magasin cause une assez vive surprise chez la lingère. La jeune fille est sur le point de refuser la lettre, lorsqu'en jetant les yeux sur l'adresse elle reconnaît l'écriture. Alors une émotion s'empare d'elle, et d'une main tremblante elle prend le billet qu'elle se hâte de lire, tandis que le commissionnaire s'éloigne, parce qu'on lui a dit qu'il ne devait pas demander de réponse.

Le lendemain, dans la matinée, Marie demande à sa lingère la permission de s'absenter pour un moment. La maîtresse du magasin, quoique surprise d'une telle demande de la part de cette jeune fille qui ne voulait jamais sortir, lui répond :

— Allez, Marie, voilà la première fois que vous me demandez à sortir... je ne puis donc pas vous refuser ; je vous crois d'ailleurs trop sage, trop raisonnable pour penser que vous agiriez ainsi sans de graves motifs. Allez, mais faites en sorte que votre absence ne soit pas longue.

La jeune fille remercie sa maîtresse et, après avoir jeté un petit châle sur ses épaules, et noué sur sa tête un bonnet bien simple, mais de bon goût et qui la rend encore plus jolie, elle se rend à la hâte rue de Navarin, à la demeure de madame de Beauvert.

Plus elle approche du terme de sa course, et plus Marie se sent émue et tremblante. Ses pensées tournent sans cesse dans ce cercle :

— Elle veut me voir... elle veut absolument me parler. Mon Dieu ! est-ce qu'elle m'aimerait enfin !... est-ce qu'elle se souviendrait maintenant que je suis sa fille !... elle qui m'a défendu de la nommer ma mère !... elle qui m'a toujours parlé avec un ton si froid, si indifférent... qui ne m'a jamais embrassée !.. Et pourquoi !... en quoi donc ai-je mérité d'être traitée comme une étrangère ?... Ah ! je l'aurais tant aimée si elle me l'avait permis ! Elle est riche, dit-on, elle vit au sein du luxe, de l'opulence !... Que m'importe à moi ! ce ne sont pas ses richesses, ses belles parures que j'envie... c'est une caresse... une douce parole... c'est qu'elle me montre au moins quelquefois qu'au fond de son cœur elle se souvient encore que je suis sa fille... Mais non, jamais elle n'a daigné jeter sur moi un doux regard... à la manière dont elle me parle on croirait plutôt qu'elle n'éprouve pour moi que de la haine ! Ah ! c'est bien triste de ne pas être aimée de sa mère !

Enfin Marie est arrivée dans la maison de madame de Beauvert ; elle se rappelle alors que c'est aussi là que Roger habite, car elle ignore que le jeune artiste a déménagé. Elle craint de le rencontrer, ou peut-être, au fond de son âme, cette crainte n'est-elle que de l'espérance ; car en entrant dans la maison, en montant l'escalier, ses regards se portent involontairement vers les étages supérieurs, mais elle n'y aperçoit pas celui auquel elle pense toujours.

Elle sonne à une porte au premier. C'est mademoiselle Léontine qui lui ouvre et lui dit :

— Vous êtes probablement la jeune lingère que madame attend, mademoiselle Marie ?

— Oui, c'est moi, à qui... ma... madame a écrit de venir...

— Suivez-moi, mademoiselle ; oh ! madame vous attendait avec impatience...

La femme de chambre conduit la jeune fille dans la chambre à coucher où Paola était assise sur une causeuse et paraissait livrée à de sérieuses réflexions. En voyant entrer Marie, elle fait sur-le-champ signe à Léonie de les laisser, en lui disant :

— Vous savez ce que je vous ai ordonné, qu'on ne nous dérange pas, je n'y suis pour personne.

Puis, jetant enfin les yeux sur la jeune fille qui est restée debout et toute tremblante à l'entrée de la chambre, ne sachant pas si on veut bien recevoir d'elle un baiser, Paola lui dit d'un ton assez sec :

— Prenez une chaise, mademoiselle, et asseyez-vous.

— Est-ce que... vous ne voulez pas auparavant me permettre de vous embrasser ? balbutie Marie, en jetant un tendre regard sur sa mère.

— Cela n'est pas nécessaire... plus tard... et, selon ce que vous me répondrez, je verrai si je dois vous le permettre...

Marie sent son cœur se serrer à cette dure réponse ; mais elle ne dit plus rien et s'assoit assez loin de la causeuse. Après avoir pendant quelques instants examiné la jeune fille et sans que l'expression de ses traits ait rien perdu de leur sévérité, Paola lui dit :

— Marie, je suis certaine que dans le fond de votre cœur vous trouvez que je me conduis assez indifféremment avec vous... je gage que vous m'accusez d'être une mauvaise mère...

— Ah ! madame ! pouvez-vous croire... qui vous fait supposer?...

— De grâce, mademoiselle, ne m'interrompez pas, et laissez-moi vous dire tout ce que je pense... vous me répondrez tout à l'heure. D'abord je commence par vous déclarer que je trouverais tout naturel que vous eussiez de moi cette opinion ; si je vous disais que je vous adore, à coup sûr vous ne me croiriez pas, et vous auriez raison. Mais, quoique je vous voie fort rarement, je ne vous ai cependant jamais perdue de vue. Je n'ai jamais oublié que vous étiez ma fille, et pourtant j'en avais presque le droit... votre père s'est si indignement conduit avec moi ! Vous allez me répondre que ce n'est pas votre faute... sans doute... mais il n'en est pas moins vrai que la mauvaise conduite, l'abandon de l'homme qui nous a fait commettre une sottise, ferme souvent notre cœur à la tendresse maternelle. Vous, Marie, je ne vous ai pas caché que vous étiez un enfant de l'amour. Quand je lui eus dit que j'étais mère, mon séducteur m'abandonna... c'est assez l'usage de ces messieurs... car les hommes sont tous des monstres qui ne cherchent qu'à nous tromper... et si nous le leur rendons plus tard, nous ne faisons que prendre une juste revanche.

Je ne vous ai point abandonnée cependant... je vous mis en nourrice; quand vous eûtes deux ans et demi, je vous fis revenir près de moi, et j'allais vous chercher une pension, car il m'était impossible de vous garder avec moi, lorsqu'une vieille dame qui vous avait vue chez votre nourrice vous prit en amitié et me proposa de vous garder avec elle, de se charger de votre éducation. Je ne demandai pas mieux. Qu'aurais-je pu faire de plus?... ma position alors était loin d'être brillante; en vous gardant avec moi, je n'aurais pu vous donner une meilleure éducation... il est bien probable au contraire que vous eussiez été moins heureuse, car madame Blery vous aimait beaucoup... et, n'ayant pas d'enfants, elle vous traitait comme sa fille. Vous ne devez donc pas m'en vouloir de vous avoir laissée jusqu'à l'âge de quinze ans chez cette dame, où je savais que vous étiez très-bien.

Paola ayant pour un moment cessé de parler, Marie se hasarde à répondre:

— Je ne vous en ai jamais voulu, madame, je ne me suis jamais permis de censurer votre conduite à mon égard. Mon existence était douce et tranquille chez cette bonne dame, pour laquelle j'avais autant d'amitié que de vénération... Seulement j'ai pu regretter de ne voir que bien rarement celle... à qui je dois l'existence, j'ai pu gémir surtout de ce que, lorsqu'elle venait par hasard chez madame Blery, elle ne me permettait pas de lui donner ce doux nom de mère que j'aurais eu tant de bonheur à prononcer...

— Mademoiselle, si j'ai agi ainsi, c'est que probablement j'avais mes raisons pour cela. La manière indigne dont votre père m'a abandonnée avait bien pu m'empêcher d'éprouver un vif intérêt pour vous... Cependant, depuis, comme vous avez toujours été citée pour votre sagesse... pour votre bonne conduite, j'ai senti que j'aurais tort de vous rendre responsable des torts de votre père... et il est bien présumable que je vous aurais établie... je ne sais pas encore comment, mais enfin j'y aurais pourvu, si madame Blery, se sentant atteinte d'une maladie mortelle, n'avait pas eu l'idée de vous placer chez une lingère... Cette idée était fort bonne, et je n'aurais pu mieux faire. Cette pauvre madame Blery ne possédait malheureusement que des rentes viagères, sans cela, je suis bien persuadée qu'elle vous aurait faite son héritière, tandis qu'en mourant elle ne vous laissa, je crois, que de vieilles robes... un peu de linge... mais enfin chez votre lingère vous étiez logée, nourrie, et je savais que vous ne manquiez de rien...

— Il me semble, madame, que je ne me suis jamais plainte, que je ne vous ai jamais rien demandé...

— Sans doute ; mais ce que je tiens à vous faire comprendre, c'est que, moi, je connaissais fort bien votre position... je savais que vous aviez tout ce qu'il vous fallait, parce que, dans le cas contraire, je me serais empressée de pourvoir à vos besoins, de vous faire tenir l'argent qui vous eût été nécessaire soit pour votre toilette, soit pour toute autre chose.

— Je n'en doute pas, madame, je suis bien persuadée que vous n'auriez pas laissé votre enfant souffrir de la misère ou du besoin... Grâce au ciel, je n'ai jamais connu ni l'un ni l'autre. Tout ce que je réclamais de vous, c'était un peu d'affection... un peu de ce sentiment qu'une mère ne saurait refuser à son enfant.

— Mademoiselle, qui vous dit que je n'en ai pas pour vous ?... je vous ai défendu de dire que vous étiez ma fille ; j'avais probablement des motifs pour en agir ainsi. Ces motifs existent encore, je ne vous en dois pas compte.

— Je ne vous demande que votre affection, madame...

— Mon Dieu, Marie, je ne demande pas mieux que de vous aimer...

— Ah ! madame...

— Attendez ! attendez ! j'ai voulu d'abord vous prouver que je n'avais jamais cessé de veiller sur vous, et que, par conséquent, vous deviez toujours avoir pour moi ce respect et cette obéissance qu'une fille doit à sa mère, alors même que celle-ci, pour des raisons qu'elle n'a pas besoin de vous expliquer, juge convenable de ne point vous donner publiquement le titre de sa fille.

— Ce respect... cette obéissance... je n'ai jamais cessé de les avoir... si j'ai eu peu d'occasions de vous le prouver, madame, c'est que nos relations ont été bien rares... c'est que jamais vous n'avez rien demandé à votre fille... mais mettez-moi à même de vous prouver ma soumission à vos moindres désirs, et vous verrez avec quel empressement je chercherai à les satisfaire.

— C'est bien, Marie, c'est très-bien ; je vais, en ce cas, mettre sur-le-champ votre obéissance à l'épreuve. Vous connaissez un jeune artiste... un dessinateur qui se nomme Edouard Roger ?

Marie devient écarlate et balbutie :

— Monsieur... monsieur Roger ?

— Oui, monsieur Roger ; allons, répondez, et surtout ne mentez pas dans tout ce que vous me direz.

— Oh! je ne mens jamais, madame, et je n'ai aucune raison pour cacher la vérité. J'ai fait la connaissance de M. Roger parce qu'il venait voir Thélénie, sa maîtresse, qui demeure dans la même chambre que moi.

— Je sais cela, et quoique vous n'ignorassiez pas que ce jeune homme était l'amant de cette Thélénie, vous n'en avez pas moins écouté ses doux propos et souffert qu'il vous fît aussi la cour. C'est assez vilain, cela.

— Madame, M. Roger ne me faisait pas la cour; il me parlait comme à quelqu'un... que l'on rencontre quelquefois... c'est seulement depuis qu'il s'est fâché tout à fait avec Thélénie, qu'il m'a... qu'il me...

— Qu'il vous a dit qu'il vous aimait... Voyons, mademoiselle, ne mâchez donc pas ainsi vos paroles entre vos dents... je n'aime pas les demi-mots, moi. Et qu'avez-vous répondu à ce jeune homme, quand il vous a dit cela ?

— Je lui ai répondu que je ne pouvais pas l'écouter.

— Vous mentez, vous ne lui avez pas dit cela, et vous l'avez fort bien écouté, car on vous a vue causant avec lui, dans la rue de Rivoli. On a même entendu les serments d'amour que vous faisait ce monsieur. Osez-vous nier cela ?

— Non, madame, non, je ne nierai rien de ce que j'ai fait ; mais puisque vous connaissez si bien toutes mes actions, vous devez savoir aussi que, depuis, j'ai constamment fui M. Roger, que je lui ai défendu de me parler, de chercher à me rencontrer, à me voir, et qu'enfin il m'a obéi. Je ne le vois plus, je n'entends plus parler de lui.

— Et qui vous a fait prendre cette résolution soudaine de fuir ce jeune homme que vous écoutiez si bien auparavant?

Marie hésite, elle craint de blesser sa mère en avouant pour quel motif elle a cessé d'écouter Roger ; elle balbutie :

— Madame... si j'ai fait cela... c'est qu'on m'a dit... c'est que j'ai appris... que M. Roger connaissait encore une autre personne.

— Oui, mademoiselle, ce jeune homme vous trompait, il voulait seulement s'amuser à vos dépens... car il n'est pas libre... il a des engagements sérieux qui le lient à une autre femme... et cette femme... c'est moi.

Marie baisse la tête d'un air qui semble dire :

« Je le savais. » Paola reprend avec le même ton d'autorité :

— D'après cela, mademoiselle, je crois inutile de vous faire sentir combien vous seriez coupable... criminelle même, si vous écoutiez encore les propos de Roger, enfin, si vous conserviez les moindres relations avec lui... songez alors que l'intérêt que je vous porte se changerait en haine, en aversion... que jamais je ne vous pardonnerais une telle offense...

— Oh ! madame, n'ayez pas une telle crainte !... Moi, m'exposer à votre haine, à votre mépris... moi dont les seuls désirs, les seules espérances étaient d'obtenir un jour de vous ce doux nom de fille, que vous ne m'avez jamais fait entendre... moi qui donnerais dix ans de ma vie pour une seule de vos caresses... car je vous aime, moi, madame ; je vous ai toujours conservé cette tendresse qu'un enfant doit à sa mère, et, malgré votre froideur, malgré l'éloignement que vous me témoignez... ce sentiment si doux de l'amour filial n'a jamais cessé de faire battre mon cœur...

Les accents de Marie étaient si vrais, ils peignaient si bien le fond de son âme, que Paola ne peut se défendre d'une vive émotion, et c'est presque avec affection qu'elle tend la main à sa fille en lui disant :

— C'est bien, Marie, je vous crois, je suis contente de vous. Alors je puis être certaine que jamais, jamais, vous l'entendez, vous n'écouterez ce que Roger pourrait vouloir vous dire...

— Oh ! jamais ! je vous le jure : que le ciel me punisse si je manque à mon serment...

— Savez-vous où demeure M. Roger ?

— Mais, je crois lui avoir entendu dire qu'il logeait dans cette maison.

Paola garde le silence et se contente d'examiner Marie ; puis elle reprend après un moment :

— J'espère que ce jeune homme ne sait pas... que vous ne lui avez jamais dit que vous étiez... ma fille ?

— Pourquoi le lui aurais-je dit, madame, puisque vous m'aviez défendu de faire connaître à personne le nom de ma mère ? mais si je ne puis... si vous ne voulez pas que je vous donne ce nom... ne repoussez pas au moins mes caresses...

En disant cela, la pauvre petite pressait la main de sa mère et la couvrait de baisers. Celle-ci, après lui avoir quelques instants abandonné sa main, la retire enfin, en lui disant :

Maintenant, Marie, vous pouvez vous éloigner. Je vous le répète, je suis contente de vous, j'ai foi en vos promesses, et quelque jour, je vous prouverai que je ne vous oublie pas...je vous établirai ; enfin je m'occuperai de votre avenir...

— Je vous remercie, madame, je suis satisfaite de mon sort ; mais avant que je vous quitte, ne me permettrez-vous pas de vous embrasser ?

Paola hésite ; un secret combat semble se livrer dans son cœur ; enfin elle daigne tendre sa joue à sa fille, qui se précipite et la couvre de baisers ; mais, comme si elle craignait de se laisser attendrir, Paola se dégage des bras de Marie en lui disant :

— Maintenant, partez... partez... j'ai affaire... je ne puis vous garder plus longtemps.

Marie obéit ; elle s'éloigne, en se retournant souvent pour regarder sa mère, et elle se dit :

— Elle ne m'a pas embrassée, mais elle a permis que je l'embrasse, moi, c'est toujours quelque chose.

Et, lorsqu'elle descend l'escalier, cette fois, bien loin de lever les yeux, elle se sauve sans oser tourner la tête, car elle ne voudrait pas maintenant, pour tout au monde, rencontrer Roger.

XXXI

Les suites du champagne

Après la visite que lui avait faite M. Boniface Triffouille, Roger s'était hâté de se rendre chez le peintre Guerbois, où il n'avait pas aperçu l'ombre de Sibille, ce qui, du reste, ne l'avait nullement étonné. Il n'avait pas été difficile à Roger de faire entendre raison à son ami, et de le faire entièrement renoncer à son projet de duel avec ce monsieur d'Orléans qui, loin d'être complice des méfaits du jeune Peloton, se trouvait [au contraire être aussi sa victime. Quant à ce dernier, il l'avait fait connaître à Guerbois pour ce qu'il était, un fanfaron et un blagueur, et lui avait donné carte blanche pour se venger de lui, mais en l'engageant pourtant à ne point pousser la chose trop au sérieux.

Boniface a été si content en recevant l'assurance qu'on ne le forcerait pas à se battre en duel, que, dans sa joie, il s'est jeté au cou de Roger en s'écriant :

— Mon cher ami, je vous dois la vie, car je ne sais pas me battre, et j'aurais infailliblement été tué. Vous arrangez les choses beaucoup mieux que cet entêté de Calvados qui voulait absolument être mon témoin avec son neveu. Je veux que nous fêtions l'heureux dénoûment de cette affaire dans un petit festin avec quelques amis !...

— A quoi bon ?

— Ah ! j'espère que vous ne refuserez pas de renouveler ce charmant repas que nous fîmes ensemble peu de temps après mon arrivée à Paris.

— Non, sans doute, si tel est votre désir; mais je pense que vous n'inviterez pas Sibille, cette fois.

— Non, certes... le petit scélérat qui me met les duels sur le dos... et qui ne va pas, lui, au rendez-vous de l'honneur... car il n'a pas été chez ce M. Guerbois comme il l'avait dit en nous quittant.

— Est-ce que vous avez jamais cru qu'il irait ? J'étais bien certain du contraire, moi.

— Ma foi, oui, je l'avais cru. Je crois tout ce qu'on me dit.

— Cela fait honneur à votre bonne foi ; mais il est dangereux de pousser la confiance si loin.

— Et, tenez, je ne vous le cacherai pas, je regrette d'être obligé de me fâcher avec ce jeune farceur... car, à part ses inadvertances, il m'amuse, il est fort divertissant.

— Mais, mon cher monsieur Boniface, si vous avez envie de l'inviter encore, songez bien que vous en êtes le maître... moi, je n'ai aucune raison pour en vouloir à Sibille.

— Non, oh ! je ne veux plus de lui. Au reste, j'en voudrais qu'il me serait difficile de le lui dire, je ne le rencontre plus nulle part.

— Et voyez-vous toujours Lucien Bardecourt ?

— Je me suis encore trouvé près de lui hier à l'Opéra. Ah ! l'Opéra ! quel magnifique spectacle !... quelles danseuses !... quelles poses !... quelles grâces !... quand j'ai été à l'Opéra je ne dors pas de la nuit.

— Vous inviterez Lucien au dîner que vous voulez encore nous offrir, n'est-ce pas ?

— Ma foi, qu'en dites-vous ? il n'est pas bien aimable, ce monsieur-là, il ne parle que de lui...

— Si... invitez-le... il nous racontera ses bonnes fortunes... il a quelquefois des aventures piquantes...

— Du moment que c'est votre avis, je l'engagerai. J'aurai aussi Calvados et son neveu, parce qu'enfin, si je ne suis pas battu, ce n'est pas leur faute, ils s'offraient toujours pour être mes témoins, et j'ai bien dans l'idée que Calvados aurait dit à son neveu de se battre pour moi... un militaire ! c'est son état ; il n'aurait pas mieux demandé.

Une indisposition survenue à Boniface avait retardé le festin prémédité ; mais enfin, l'amphitryon avait recouvré la santé, fait ses invitations, et un samedi, à six heures du soir, les convives se trouvaient réunis dans le même restaurant qui les avait déjà vus en partie quelques mois auparavant. Boniface seul était en retard, ce qui étonnait et commençait à inquiéter ces messieurs, qui connaissaient l'exactitude et la ponctualité du provincial.

La société se composait de Roger, de Calvados et son neveu, de Lucien Bardecourt et enfin du cousin de Sibille, M. Ernest Miroir, fort bon garçon qui n'était nullement passible des sottises que commettait son petit cousin et était le premier à vous dire : « Ne croyez pas un mot de tout ce qu'il vous contera. »

— Que diable peut-il être arrivé à Boniface, pour qu'il ne soit pas au rendez-vous qu'il nous a donné ? dit Calvados en regardant par la fenêtre du petit salon qui donne sur le boulevard.

— Il est certain que cela m'étonne, dit Roger, car j'ai toujours remarqué chez M. Triffouille une extrême exactitude, même pour les plus petites choses.

— Il aura suivi quelque dame, qui l'aura mené plus loin qu'il ne le voulait, dit Lucien.

— Oh ! ce n'est pas probable ! est-ce que Boniface oserait suivre une femme ? d'ailleurs, il n'aurait pas choisi le moment où il sait que nous l'attendons.

— Alors c'est qu'il est malade.

— Malade... ce serait le plus fâcheux ; attendez, nous allons savoir... Garçon ! garçon !...

Le garçon arrive dans le petit salon où sont ces messieurs. Calvados prend la parole :

— Garçon, ce monsieur qui a commandé un dîner pour six personnes et retenu ce petit salon où nous sommes, quand est-il venu ?

— M. Boniface Triffouille est venu ce matin sur les dix heures... il a parlé au patron, commandé un dîner pour six... un dîner très-fin... oh ! vous serez contents, messieurs...

— Ce n'est pas cela qui nous inquiète ; mais M. Boniface comment était-il ce matin ? avait-il l'air souffrant, indisposé ?

— Oh ! bien au contraire, ce monsieur avait fort bonne mine, il était très-gai ; il est parti en disant au patron : « Distinguez-vous pour les vins comme pour les mets, je veux que nous fassions un véritable festin. »

— Messieurs, un homme qui a dit cela à dix heures du matin ne peut pas être bien malade à six heures...

— Il est la demie.

— Messieurs, dit à son tour Ernest Miroir, je ne crains qu'une chose, moi, c'est que M. Boniface ait rencontré mon petit cousin Sibille.

L'arrivé de Boniface met fin aux inquiétudes et

aux commentaires : cependant l'amphitryon est tellement essoufflé, effaré, bouleversé que tout le monde s'empresse autour de lui.

— Qu'avez-vous ?
— Vous avez l'air bien fatigué...
— Vous n'êtes pas malade ?
— Non, messieurs, non, mes chers amis... excusez-moi de vous avoir fait attendre... Ah ! ce n'est pas de ma faute, allez !... Ouf !... je n'en puis plus... Je demande d'abord un verre de madère pour me remettre... je l'ai bien gagné...

Le madère est versé à Boniface, qui, après l'avoir bu, s'essuie le front en disant :

— Ça va mieux, ça me remet... Ah ! messieurs, si vous saviez ce qui vient de m'arriver... et dire que c'est encore à ce satané Sibille, à votre petit cousin que je dois cela...

— Ah ! je m'en doutais ! s'écrie Ernest en riant ; je me doutais qu'il y avait du Peloton dans cette affaire-là.

— Comment ! est-ce que tu aurais encore un duel ? dit Calvados ; mais tu sais que nous sommes là, moi et mon neveu... qui a accepté avec joie ton invitation, et que je te présente.

Le jeune officier salue Boniface en disant :

— Disposez de moi, monsieur, je serai heureux de vous être utile...

— Merci, monsieur, infiniment obligé... mais ce n'est pas d'un duel qu'il s'agit... ou du moins, c'est d'un duel d'un autre genre... le diable m'emporte ! je crois que je préférerais le premier.

— Voyons, explique-toi...

— Vous saurez donc, messieurs, que je me dirigeais vers ce restaurant, où certainement je serais arrivé avant vous, ce qui, du reste, était mon devoir, parce que celui qui traite doit être là pour recevoir ses invités...

— Nous ne vous en voulons pas, allez toujours...

— Je marchais donc dans les meilleures dispositions... j'avais un appétit d'enfer, je l'ai toujours heureusement, lorsque tout à coup, dans la rue Richelieu, une dame vint se poser devant moi en s'écriant :

« — Enfin, c'est bien heureux, vous voilà ! je vous retrouve, ce n'est pas sans peine ; il y a assez longtemps que je vous cherche. »

Moi, je reste ébahi devant cette dame... non, je veux dire devant ce colosse féminin, car c'en était un... Figurez-vous une tour de cinquante-cinq ans environ... de ces tours qui ont de la barbe... deux ou trois mentons formant un escalier... un nez épaté... farci de tabac, un teint beaucoup trop coloré, tout cela bien bourgeonné... voilà quelle était la personne qui me barrait le passage, car à elle seule elle tenait tout le trottoir. Cependant, après avoir envisagé cette espèce d'éléphant, je lui dis :

« — Madame, assurément vous vous trompez, je n'ai pas l'honneur de vous connaître ; vous me prenez pour un autre.

« — Oh! non, je ne me trompe pas, me répond cette dame, votre figure est trop bien gravée dans ma mémoire... vous êtes frappant de ressemblance...

« — Comment, madame, avec qui ai-je de la ressemblance ?

« — Eh ! mais, avec votre portrait, votre photographie que vous aviez si adroitement glissée dans mon gant... Ne vous en souvenez-vous plus ? Il y a de cela un mois environ... c'était le soir, il faisait noir et le tonnerre grondait au loin ; je sortait d'une maison de la rue de la Tour-d'Auvergne. Je marchais très-vite, craignant la pluie... cependant un homme se mit à me suivre, il marchait presque sur mes talons, me disant des douceurs, me suppliant d'accepter son bras... moi je ne me retournais pas, espérant qu'il me quitterait ; au lieu de cela, je sens qu'il glisse quelque chose sous mon gant. Aussitôt, je me retourne pour lui reprocher son audace... nous étions justement alors près d'un bec de gaz ; mais je n'eus pas plutôt fait ce mouvement, qu'il se sauve à toutes jambes... je ne puis apercevoir que son dos.

« — Ce n'était pas moi, madame...

« — Ce n'était pas vous ? osez-vous nier... et ce portrait, direz-vous aussi que ce n'est pas le vôtre ? »

En achevant ces mots, la grosse tour me met sous les yeux une de mes cartes photographiées... de celles gardées par ce petit gueux de Sibille.

Ici, toute la société part d'un éclat de rire ; Boniface boit encore un verre de madère, puis reprend :

— Vous riez, messieurs, c'est que vous ne vous

doutez pas à quelle espèce de femme j'avais affaire !... Vous allez voir. Je lui réponds : « Madame, ce portrait est bien le mien, en effet, mais ce n'est pas moi qui l'ai mis dans votre gant... c'est un autre...

« — A d'autres ! s'écrie-t-elle. Ah ! tu cours après les femmes ! tu veux les faire endêver et tu nies ensuite tes exploits, monstre ! séducteur ! mais tu ne sais donc pas qu'à force de regarder, de contempler ton portrait, tu m'as donné dans l'œil... oui, je ne veux pas te cacher ma faiblesse, je suis devenue amoureuse de ce portrait, c'est-à-dire de l'original... Je te cherchais par monts et par vaux...

« — Mais, madame, encore une fois, puisque ce n'est pas moi...

« — Comment, ce n'est pas toi !... tu viens tout à l'heure de convenir que c'est ton portrait, à présent tu dis que ce n'est pas toi... Ah ! prenez garde, monsieur, je ne suis pas une femme dont on se moque !... »

— Tout cela m'ennuyait beaucoup, comme vous pouvez bien le croire ; j'ôte mon chapeau et je dis à cette dame : « J'ai bien l'honneur de vous saluer, » et je veux continuer mon chemin, mais cette dame me saisit par le bras, s'y accroche et me dit :

« — Je vais avec vous.

« — Mais, madame, je suis attendu pour affaire importante.

« — Cela m'est égal, j'irai avec vous partout où vous irez. »

— Vous jugez, messieurs, dans quelle situation je me trouvais... Je double le pas, je cherche à fatiguer ce crampon pendu après moi; c'était comme si je ne faisais rien, elle marchait comme un tambour-major. « Mais, madame, lui dis-je, je ne puis pas vous emmener où je vais, c'est un dîner d'hommes...

« — Cela m'est égal, au contraire, les hommes ne me font pas peur...

« — Mais, lui dis-je, ce serait inconvenant; si vous voulez absolument me revoir, j'aime mieux que vous me donniez un rendez-vous...je m'y rendrai.

« — Ta, ta, ta !... s'écrie-t-elle, pas si niaise, vous ne viendriez pas à ce rendez-vous... c'est pour vous débarrasser de moi que vous me dites cela... si vous voulez absolument que je vous quitte en ce moment, il n'y a qu'un moyen...

« — Lequel, madame ?

« — D'abord, vous allez me dire votre nom.

« — Mon nom ?

« — Oui, votre vrai nom ! »

Ici, messieurs, il me vint à l'esprit une idée... que je crois assez machiavélique... je me dis : Puisque ce polisson de Sibille Peloton donne mon portrait pour le sien, pourquoi, moi, ne donnerais-je pas son nom au lieu du mien ?

— Bravo !... excellente idée ! s'écrient les convives... c'était de bonne guerre.

— Alors je réponds avec assurance à mon affreuse conquête : « Je me nomme Sibille Peloton, jeune négociant en mousseline et autres calicots.»

Mais vous allez voir. J'avais affaire à une gaillarde aussi fine qu'elle était grosse, elle me répond :

« — Sibille Peloton, c'est possible ; mais comme je veux en avoir la certitude, vous allez me conduire à votre demeure ; là, je demanderai au concierge si vous êtes bien effet M. Peloton; s'il m'affirme que c'est la vérité, je vous quitte, je vous laisse vaquer à vos affaires ; mais demain, vous recevrez ma visite. »

— Jugez de mon embarras, j'étais pris dans mes propres filets...

« — Où demeurez-vous ? me dit mon colosse.

« — Vous le verrez bien, puisque vous ne voulez pas me quitter, » lui dis-je avec humeur ; et je me mets à arpenter de nouveau. J'avais quitté la rue Richelieu. Je choisissais les rues les plus sales, les plus crottées, je pataugeais exprès dans les ruisseaux... rien n'y faisait, mon crampon ne me lâchait pas. J'étais désolé, je ne savais à quel saint me vouer, lorsqu'enfin la Providence vint à mon secours sous la forme d'un omnibus. Un charbonnier venait de passer contre nous, et avec son sac de charbon il avait heurté si rudement le chapeau de cette dame qu'il avait failli le lui enlever. Elle est donc obligée de lâcher un moment mon bras pour remettre son chapeau en place. O charbonnier, je te bénis !... Me sentant libre, je vois à dix pas un omnibus arrêté ; je cours, ou plutôt je vole, c'est le mot. Il était temps, il allait partir... je saute dedans. Je me jette sur tout le monde, j'écrase des pieds... on me donne des noms fort désagréables, ça m'est égal ; enfin je suis casé. Mais j'aperçois mon cauchemar qui court après la voiture en faisant signe au conducteur d'arrêter Une sueur froide coule de mon front, lorsque j'entends retentir ce mot... qui me rend à la joie, à la liberté : *Complet!* nous étions complets... Ah ! jamais mot si doux ne frappera mon oreille, jamais la roulade d'une Alboni, d'une Patti ne me fera éprouver une sensation plus délicieuse que ce mot : *Complet!* prononcé par la voix enrouée du conducteur. Par conséquent, mon colosse en fut pour ses signes, ses cris, et c'est ainsi que je parvins à lui échapper. L'omnibus me conduisit à la Madeleine ; mais là j'en pris un autre qui me ramena près de vous. Voilà, messieurs, pourquoi je me suis fait attendre.

Le récit de Boniface a beaucoup diverti ses invités. Tout le monde a ri, même Roger, qui cependant ne rit plus guère depuis quelque temps et n'a consenti à se rendre à ce dîner que parce qu'il veut y tenter une nouvelle épreuve sur Lucien Bardecourt.

On se met à table et le jeune peintre a soin de se placer à côté de Lucien. Tout le monde est disposé à faire honneur au repas. L'amphitryon a retrouvé toute sa bonne humeur ; cependant il s'écrie encore :

— Diable de femme !... si du moins elle avait été jolie...

— Si elle avait été jolie, dit Ernest, mon petit cousin ne se serait pas sauvé quand elle s'est retournée dans la rue.

— C'est probable ; mais alors pourquoi lui fourre-t-il mon portrait dans son gant?

— Ah! ceci est une rouerie que je ne comprends plus.

— Moi, je suis persuadé qu'il fait tout cela pour m'attirer des aventures désagréables ; mais qu'est-ce que je lui ai fait, mon Dieu! qu'est-ce que je lui ai fait?

— Oublions M. Sibille, dit Roger, et buvons à la santé de notre amphitryon.

La santé est portée avec enthousiasme.

— Excellent madère! dit Lucien.

— Messieurs, ne le ménagez pas ; que ceux qui en veulent tout le temps du dîner ne se gênent point... ou du champagne frappé, ou du bordeaux, ou du corton... enfin de celui que l'on voudra ; nous sommes ici pour ne nous rien refuser.

— Parbleu! dit Roger, je ne bouderai devant aucun... Je parie bien que mon voisin de droite n'est pas homme à me tenir tête.

Ces paroles s'adressaient à Lucien, qui s'empresse de répondre :

— Moi, mon cher?... oh! mais vous vous attaquez à forte partie ; vous ne savez donc pas que j'ai une très-forte tête! non-seulement je boirai autant que vous, mais je boirai bien plus que vous, sans que cela m'étourdisse...

Roger avait piqué l'amour-propre de Lucien, c'était tout ce qu'il voulait, d'autant plus, qu'au dernier repas offert par Boniface, il avait remarqué que le brillant séducteur était très-étourdi au dessert sans cependant avoir beaucoup bu. Il emplit son verre de madère en disant:

— En ce cas, le pari est tenu ; un dîner pour la société sera payé par celui de nous qui le premier avouera qu'il en a autant qu'il peut en porter.

— C'est entendu, c'est gagé ! Messieurs, vous êtes nos témoins; vous serez aussi nos juges.

En disant cela, Lucien avale son verre de madère.

— Voilà un pari qui me réjouit, dit Ernest Miroir, car dans tout cela je vois en perspective un autre festin, et s'il vaut celui-ci, ma foi, messieurs, nous allons passer une joyeuse vie...

— Tu ne paries rien, Calvados ? demande Boniface en s'adressant à son ancien ami.

— Ma foi non ; que veux-tu que je parie, maintenant que, grâce à mon neveu, je suis sûr de la fidélité de ma femme ?...

— Mais on ne sait pas... si tu essayais encore une épreuve ?

— Tu crois ?

— Non, mon oncle, non, n'essayez pas ! s'écrie le jeune officier, c'est tout à fait inutile; d'ailleurs, vous avez juré que vous ne mettriez plus ma tante à l'épreuve... un homme d'honneur ne manque pas à son serment...

— C'est juste, tu as raison, mon neveu ; alors, messieurs, buvons à Pénélope ! c'est le surnom que j'ai donné à mon épouse.

Les convives ne demandent pas mieux que de boire à Pénélope. Lucien fait remarquer à la société qu'il fait toujours rubis sur l'ongle, tandis que son parleur laisse fort souvent du vin dans son verre. Roger sourit en répondant:

— Je vous rattraperai. Mais il se garde bien de chercher à rattraper son voisin, et il sera enchanté de perdre le pari s'il parvient à griser Lucien.

— Dans tout cela, dit Boniface après un nouveau toast que Calvados a porté à la vertu de sa femme, si mon malheur voulait que je rencontrasse de nouveau cette énorme dame qui est amoureuse de moi, comment ferais-je pour m'en dépêtrer ?... on n'a pas toujours sous sa main un charbonnier et un omnibus pour vous tirer d'affaire...

— Monsieur Triffouille, dit le jeune militaire, si pareille chose vous arrive, conduisez cette dame jusqu'à la demeure de mon oncle, faites-moi demander et je me charge de vous débarrasser de votre belle...

— En vérité !... vous feriez cela?... Est-ce que vous consentiriez à lui faire la cour ?

— Oh ! non, je ne vous promets pas cela ; mais je ferai mettre cette dame au violon jusqu'à ce qu'elle ait promis de ne plus prendre de force le bras aux gens. Enfin, je tâcherai de lui faire un peu peur... en respectant son sexe cependant...

—Ah ! merci mille fois !... Je n'aurais plus osé me promener dans Paris. Messieurs, un toast en l'honneur du lieutenant.

Le toast est porté ; puis un autre au beau sexe qui ne court pas après les hommes dans la rue ; puis un autre à la vengeance que Boniface espère exercer sur Sibille ; puis un nouveau, proposé par

Calvados, aux maris qui ont le bonheur de posséder une femme comme la sienne.

A force de porter des toasts, de passer du madère au corton, du corton au champagne, du champagne au bordeaux, ces messieurs sont arrivés à cette pointe de gaieté qui fait que tout le monde parle à la fois, qu'on ne sait plus trop ce qu'on dit, mais qu'on rit de tout ce qu'on entend.

Roger seul s'est ménagé et par cela même il a excité Lucien à boire davantage, car il lui dit à chaque instant :

— Décidément... je serai vaincu... je ne suis pas de force... Ah ! comme vous buvez... comme vous me laissez en arrière...

— Eh ! pardieu ! mon cher, j'en étais sûr, je vous avais prévenu. Tenez, voyez comme j'avale ça ! hop !... Tenez, en voulez-vous encore un... pendant que je suis en train... Eh ! allez donc !... j'avale le champagne comme du petit-lait... Oh ! vous avez perdu le pari.

— Oh ! tout à fait... vous êtes mon vainqueur... je le reconnais.

— C'est bien. Pour que vous en soyez sûr, tenez... je bois... je bois encore... encore cette rasade...

Si les autres convives avaient une petite pointe, Lucien Bardecourt en avait une grande ; il était complétement gris. C'était ainsi que Roger voulait le voir, car il se souvenait de ce vieux proverbe : *in vino veritas*. Il s'empresse alors de mettre Lucien sur le chapitre de ses bonnes fortunes, en lui disant :

— Eh bien! et les amours, les conquêtes, cela va-t-il toujours à votre gré?

— Les amours!... répond Lucien d'une voix pâteuse, oh! oui... les amours... c'est mon fort à moi!... c'est ma partie!...

— Et cette jolie femme avec qui je vous ai vu au Château-des-Fleurs?... elle se nommait Cléopâtre, je crois?...

— Cléopâtre!... ah! oui, une fameuse.. oh c'est fini avec elle... fini depuis longtemps... elle me jouait des tours... des tours pendables. Je vais reprendre du champagne... il est excellent. Pauvre garçon! qui ne sait pas boire.

— C'est vrai, je m'avoue vaincu. Ah! vous avez quitté cette demoiselle Cléopâtre?

— Mon petit, figurez-vous... elle venait chez moi... elle me chipait mes pantalons... elle en mettait sous sa crinoline... et mes gilets... elle allait les vendre... je l'ai lâchée...

— Et... et Marie.. la jolie Marie?

— Marie! qu'est-ce que c'est que ça? Marie... connais pas!...

— Mais si, une jeune fille qui est chez une lingère... rue de Rivoli.

— Ah! Marie!... la pimbêche!... m'a-t-elle fait aller, celle-là... et droguer inutilement devant sa boutique!

— Inutilement, dites-vous... n'a-t-elle donc pas été votre maîtresse?

— Marie! pas moyen, mon cher... c'est une tigresse... une petite sotte!... Un jour je la rencontre... je ne sais plus où... ça ne fait rien... je lui offre mon bras... elle refuse. J'insiste, elle refuse encore ; puis, je ne sais plus à propos de quoi... la voilà qui pâlit... qui chancelle... qui allait se trouver mal ; elle fut bien obligée alors d'accepter le bras que je lui offrais toujours. Versez-moi du champagne... non, du porto maintenant... il est fameux ce porto. Goûtez-en donc, mon cher...

— Et quand cette petite Marie fut à votre bras, où l'avez-vous menée ?

— Menée... pas du tout, elle m'a lâché au bout d'un moment, en me disant... qu'est-ce qu'elle m'a dit ? je ne m'en souviens plus... c'est une petite sotte !... une mijaurée !... mais un de ces jours je la retrouverai... C'est singulier, j'ai mal à la tête...

Roger savait tout ce qu'il désirait ; il ne pouvait plus douter de l'innocence de Marie, Lucien était trop réellement ivre pour mentir. Au bout de quelque temps, la société sort du restaurant, puis chacun va de son côté. Au lieu d'accompagner ceux de ces messieurs qui vont au café, le jeune artiste court rue de Rivoli. Il était alors dix heures du soir, car on avait tenu table longtemps. Roger regarde au travers des vitres de la lingère ; Marie est encore à sa place dans le magasin. Le jeune homme veut absolument lui parler, lui dire qu'il sait qu'elle n'a jamais été la maîtresse de Lucien ; il s'est juré de ne point prendre de repos avant d'avoir dit cela à Marie, mais comment y parvenir ? Pour monter à sa chambre la jeune fille ne sort pas dans la rue, une porte qui est au fond de la boutique communique dans la cour. Roger prend le seul moyen qui se présente. Il sonne à la porte cochère, passe devant le concierge en disant :

— Je vais chez la fleuriste à l'entre-sol, et va se placer dans l'escalier qui est fort bien éclairé et où il attend Marie.

Dix minutes s'écoulent; puis une porte s'ouvre en bas; on sort du magasin de la lingère. On monte légèrement l'escalier et bientôt Marie se trouve devant Roger; elle pousse un cri de surprise, presque d'effroi en l'apercevant; celui-ci se hâte de lui dire :

— Ma présence vous déplaît, je le vois bien, mademoiselle; pardonnez-moi donc d'avoir bravé votre défense pour vous revoir, pour vous parler encore; mais je voulais absolument vous dire que Lucien Bardecourt a lui-même proclamé votre innocence et reconnu qu'aucune intimité n'avait existé entre vous et lui.

— Eh bien! monsieur, cela vous a étonné; vous pensiez donc que je vous avais menti, moi? répond Marie avec fierté.

— Non, mademoiselle, non, Marie; mais je pouvais penser... ce changement si soudain dans vos manières avec moi... car autrefois vous m'écoutiez... vous ne me traitiez pas si durement... je pouvais donc penser que vous en aimiez un autre; puisque cela n'est pas, pourquoi me fuir... me défendre de vous parler?... Qu'ai-je donc fait pour que vous m'ôtiez maintenant toute espérance...?

— Monsieur Roger, cessez de me questionner, ce serait inutile, je ne dois pas vous répondre;

pour agir comme je le fais, j'ai des motifs graves. Je vous le répète, toutes relations doivent cesser entre nous, et ce serait me causer un vif chagrin que de chercher à me parler encore.

En achevant ces mots, Marie gravit vivement l'escalier, laissant Roger consterné et désespéré.

XXXII

Le bout du nez.

Madame de Beauvert était d'une humeur de dogue. Elle avait écrit à Roger qui ne lui avait pas répondu, et s'était borné à lui envoyer son portrait tout encadré, car il était bien décidé à ne plus y toucher. Paola n'avait pas voulu recevoir le dessin, elle avait dit au commissionnaire :

— Reportez ce portrait chez celui qui vous envoie, je ne le trouve pas ressemblant ainsi. Je veux qu'il y retouche, j'irai poser.

Mais Roger était aussi obstiné que cette dame, et il avait dit de nouveau au commissionnaire :

— Remporte ce portrait, je ne veux plus y toucher ; si cette dame n'en est pas contente, cela m'est parfaitement égal, puisque je ne le lui fais pas payer. Toi, je t'ai payé ta commission, ne t'avise pas de revenir encore chez moi avec le portrait, ou je te fais descendre mon escalier sur ton derrière.

L'Auvergnat, c'était un Auvergnat, se l'est tenu pour dit. Il retourne offrir le portrait chez la belle dame, qui se met en fureur et lui dit:

— Vous êtes un sot, une buse, un animal! Je vous ai dit de rendre ce portrait à M. Roger, et vous me le rapportez encore! retournez bien vite chez ce monsieur... si vous revenez ici avec ce portrait, je vous flanque une paire de claques!

L'Auvergnat redescend du premier en se disant:

— Des claques d'un côté, des coups de pied d'un autre, cela n'est pas tentant.

Et, arrivé devant le concierge, il lui remet le portrait en lui disant:

— Tenez, moussia le portier, voilà pour vous, fichtra, c'est un cadeau que l'on vous fait; moi, je suis paya... je m'en vas.

Le concierge examine le pastel, qui est fort bien venu; il reconnaît la figure de sa locataire du premier et s'écrie:

— Tiens! madame de Beauvert me fait cadeau de son portrait! c'est bien aimable de sa part: je vais le placer juste en face de l'entrée de ma loge, de façon qu'il sera vu sur-le-champ par tous ceux qui viendront me parler.

Le pastel de Paola est accroché dans la loge du concierge. Au bout de quelque temps, c'est M. Bernouillet qui arrive et entr'ouvre la loge du concierge, en demandant si madame est chez elle.

— Oui, oui... madame de Beauvert est chez elle, répond le concierge en souriant.

Puis il ajoute :

— Elle est là-haut... et elle est ici !... eh ! eh !...

— Comment ! je ne comprends pas, murmure l'entrepreneur.

— Tenez, monsieur, regardez donc... là... en face, et vous comprendrez la plaisanterie.

M. Bernouillet lève les yeux, voit le portrait qui est très-ressemblant, et s'écrie :

— Eh mais, c'est le portrait de madame de Beauvert que vous avez là ?

— Oui, monsieur, c'est le portrait de madame du premier ; il est bien ressemblant, n'est-ce pas ?

— Il est frappant. Mais qu'est-ce que ce portrait fait donc dans votre loge ?

— Ce qu'il fait... mais, monsieur, il orne ma loge ; c'est un cadeau que madame a bien voulu me faire... moi, je n'aurais jamais osé le lui demander ; mais elle me l'a envoyé ce matin par un commissionnaire, je l'ai accepté avec joie.

— Madame de Beauvert vous a fait présent de son portrait ; mais ce n'est pas possible !... Et à quel propos ?

— Il n'y a pas de propos, monsieur, il n'y a pas eu le moindre petit propos. Madame m'envoie son portrait... je l'accepte... ça va tout seul.

— Par exemple, c'est un peu fort, il faut que j'éclaircisse cela.

Et M. Bernouillet monte l'escalier en se disant :

— Comment ! depuis six mois je prie Paola de

me donner son portrait, elle me remet sans cesse...
et elle l'envoie à son portier... c'est bien peu
aimable de sa part.

L'entrepreneur est arrivé chez sa maîtresse, qui
le reçoit avec son air boudeur habituel ; mais cette
fois, au lieu de chercher à la faire sourire, ce
monsieur fait lui-même une mine assez maussade
et s'écrie :

— Pardieu ! madame, il faut que je vous fasse
mon compliment. Vous êtes devenue bien géné-
reuse ! mais vous placez singulièrement vos dons...

— Qu'est-ce que c'est, monsieur ? que voulez-
vous dire ?... expliquez-vous mieux, je vous en
prie, et surtout ne me faites pas languir, car je ne
suis pas disposée à être agacée... j'ai mes nerfs,
monsieur...

— Si vous avez vos nerfs, madame, moi j'ai de
l'humeur, et véritablement j'ai sujet d'en avoir.

— Encore une fois, au fait, monsieur, finissez-
en, vous m'impatientez, vous m'excédez !

— Madame, que signifie cette idée de faire
cadeau de votre portrait à votre portier, au lieu
de me le donner à moi qui vous le demande depuis
si longtemps ?

— Qu'est-ce que vous dites ? vous radotez, monsieur, ou vous êtes fou !... Moi ! j'ai donné mon
portrait au portier ?

— Pardieu ! madame, il est dans sa loge... je
viens de l'y voir à l'instant, il est très-ressemblant.

— Mon portrait !... vous avez vu mon portrait
chez le concierge ?...

— Oui, madame, à l'instant même ; il dit que vous lui en avez fait cadeau.

— Ah ! les misérables !... Léontine ! Léontine !

Paola casse sa sonnette ; enfin sa femme de chambre accourt ; elle lui dit :

— Monsieur assure que mon portrait est chez le portier, qui prétend que je lui en ai fait cadeau. Allez vite, qu'il n'y reste pas une minute de plus.

Léontine sort. Paola se promène dans la chambre avec agitation en s'écriant :

— Mais ce commissionnaire est donc un âne, un idiot... ou c'est Roger qui lui aura dit de le faire.

— Je me doutais bien, ma belle amie, qu'il y avait erreur, dit M. Bernouillet en se frottant les mains, mais calmez-vous, tout va se réparer.

— Non, monsieur, je ne veux pas me calmer, je veux tirer vengeance de tout ceci ; mon portrait chez le portier ! mais c'est épouvantable, cela !

Mademoiselle Léontine remonte avec le portrait qu'elle présente à sa maîtresse :

— Le voilà, madame, je l'ai décroché... j'ai manqué de me battre avec le portier ; il ne voulait pas me le rendre, parce que cet imbécile de commissionnaire lui a dit que vous lui en faisiez cadeau.

— Léontine, allez chercher cet homme, vous devez savoir où il se place ; amenez-le que je le rosse, que je le fasse périr sous le bâton !

— Ah ! madame, je ne crois pas qu'il voudra venir pour cela : d'ailleurs, je ne le connais pas, moi, cet homme, j'ignore tout à fait où il se met.

— Il faut le trouver, il ne sera pas dit qu'on se moquera de moi à ce point-là.

— Ma belle amie, ne vous faites point de mal... la faute est réparée. Voilà le portrait, vous allez me le donner, car je gage bien que c'est à moi que vous vouliez l'envoyer ; je l'accepte avec reconnaissance.

— A vous, ce portrait ! s'écrie Paola en retenant le cadre que M. Bernouillet saisissait déjà ; non, vous ne l'aurez pas, ni vous, ni d'autres, ni personne ; voilà le cas que je fais de l'ouvrage de ce monsieur.

En disant cela, cette dame jette le portrait à ses pieds, puis se met à marcher, à trépigner dessus ; elle ne le quitte qu'après l'avoir réduit en lambeaux. L'entrepreneur est stupéfait, mais il n'est pas content, et pendant que Paola, après avoir achevé la destruction de l'aquarelle, va se jeter sur un divan, ce monsieur prend son chapeau, s'en va en disant :

— Décidément, elle a par trop ses nerfs aujourd'hui... je crois qu'il vaut mieux la laisser se calmer toute seule.

Au bout de cinq minutes, Paola, redevenue plus calme, regarde autour d'elle, et ne voyant plus que les débris de son portrait, sonne Léontine qui accourt :

— Eh bien ! où donc est M. Bernouillet ?

— Il est parti, madame.

— Parti, sans me rien dire... voilà qui est bien peu honnête !

— Ce monsieur avait l'air très-fâché de ce que

vous avez déchiré votre portrait au lieu de le lui donner.

— Voyez-vous ça... vieil imbécile, ne fallait-il pas lui demander la permission ?... est-ce que j'ai jamais fait faire ce portrait pour lui ?... Oh ! il se défâchera, et il viendra me demander pardon à genoux... mais je le lui ferai payer cher.

— Madame fera bien... avec les hommes, il faut tenir son rang !

— Donne-moi ma perruche, ma chère Cocotte, il n'y a qu'elle qui me désennuie, qui me fait oublier mes chagrins...

— Oui, madame.

Mademoiselle Léontine va au perchoir ; mais la perruche semble avoir de l'humeur comme sa maîtresse, elle ne veut pas se laisser prendre et se borne à répéter :

— Tu m'embêtes ! tu m'embêtes !

— Eh bien, Léontine... donnez-moi donc Cocotte...

— Elle ne veut pas venir avec moi. Oh ! mais nous allons voir, mademoiselle Cocotte.

Enfin, la femme de chambre a saisi l'oiseau et le porte à sa maîtresse, qui le reçoit sur sa main et lui tend sa figure en lui disant :

— Allons, Cocotte, baisez vite cette maîtresse... qui vous aime tant.

La perruche se jette sur le nez de sa maîtresse dont elle empoigne le bout avec son nez. Paola pousse un cri.

— Ah ! Cocotte !... tu me fais mal... veux-tu lâcher mon nez ? Ah ! quelle douleur !... Léontine !

Léontine !... venez donc, cet oiseau me mord horriblement.

La femme de chambre accourt ; elle veut ôter l'oiseau, mais la maudite bête, qui tient dans son bec fourchu un morceau du nez de sa maîtresse, ne veut pas lâcher prise. Paola pousse des cris affreux en répétant :

— Otez-la... mais ôtez-la donc !...

Alors Léontine tire la perruche avec tant de force, qu'elle l'arrache de sa position ; mais mademoiselle Cocotte n'a pas lâché ce qu'elle tenait si bien, et elle emporte dans son bec un morceau du nez de sa belle maîtresse.

Le sang coule avec abondance de la blessure que l'oiseau vient de faire à Paola ; celle-ci ne se doute pas encore cependant de la gravité de son mal, elle demande de l'eau fraîche, elle y baigne son nez, mais le sang coule toujours et elle souffre horriblement ; enfin elle demande un miroir, elle veut voir en quel état est son nez ; mais lorsque Léontine lui a présenté une glace, lorsqu'elle s'aperçoit qu'un grand morceau de chair manque sur cette partie si importante de son visage, elle pousse un cri et perd tout à fait connaissance.

Léontine a envoyé chercher un médecin ; il ranime la blessée, et lui met un emplâtre sur le nez en lui promettant que cela guérira parfaitement.

— Mais cela se verra-t-il, docteur ? demande Paola avec anxiété.

— Ah ! il n'y a pas de doute que vous conserverez une cicatrice.

— Bien forte ?

— Je ne puis pas encore vous dire. Si nous avions eu le petit morceau de chair que la perruche vous a emporté, j'aurai essayé de le recoller, et il est bien probable qu'il aurait repris.

— Eh bien... Léontine, pourquoi n'avez-vous pas donné ce morceau ?...

— Vraiment, madame, c'eût été difficile, cet infernal oiseau l'a mangé ; il l'a avalé comme un beefsteak.

— Calmez-vous, madame, et surtout ne touchez pas à votre blessure ; demain je viendrai la panser.

Le médecin est parti. Paola est désolée. Léontine essaie de consoler sa maîtresse en lui disant:

— Ne vous inquiétez pas, madame ; en se guérissant les chairs se rapprocheront et cela ne se verra pas.

— Et ce misérable oiseau... il n'est plus ici, j'espère !

— Oh ! il n'y a pas de danger. Je l'ai jeté par la fenêtre avec sa cage ; il est tombé sur un omnibus, un patronet s'en est emparé... il le fera empailler.

— Léontine, tant que j'aurai cet emplâtre sur le nez, je n'ai pas besoin de te dire que je ne reçois aucune visite.

— Soyez tranquille, madame, personne n'entrera, pas même M. Bernouillet ; n'est-ce pas, madame ?

— Non, personne.

Paola est obligée de garder le lit, car sa blessure lui donne de la fièvre. Le médecin vient le lendemain, il examine le bout du nez, hoche la tête et dit :

— Ce sera plus long que je n'aurais cru... cet oiseau vous a horriblement arrangé le nez.

— Mon Dieu ! docteur, est-ce que cela ne guérira pas ?

— Si fait ; mais il s'établit une suppuration, il faut que cela ait son cours.

— Et la marque sera-t-elle visible ?

— Il serait difficile qu'une marque au bout du nez ne fût pas visible ; mais soyez tranquille, cela ne vous empêchera pas de vous moucher.

— Mais serai-je défigurée ?

— Non, non, je ne le pense pas ; mais on ne pourra bien juger que lorsque cela se cicatrisera ; surtout n'ayez pas le malheur de toucher à votre emplâtre, vous reculeriez votre guérison.

Paola se résigne ; elle ne demande même plus de miroir, car elle ne verrait que le bandeau qui soutient l'appareil posé sur sa blessure. Dix jours s'écoulent. Enfin le médecin déclare que cela va mieux et est en voie de guérison.

— Puis-je regarder ? demande la malade.

— Vous ne verrez encore qu'une énorme croûte qui sera fort longtemps avant de tomber. Dans huit jours nous ôterons l'appareil et vous pourrez vous regarder tout à votre aise.

Les huit jours se passent. Le médecin ôte tout ce qui était posé sur le nez, qui offre au bout une énorme croûte... à laquelle il défend bien à Paola de toucher. Celle-ci se regarde dans une glace, pousse un cri d'effroi en voyant ce qu'il y a au bout de son nez. Mais on lui assure que cela tombera et elle espère encore.

Comme elle s'ennuie beaucoup dans sa solitude, elle permet à Léontine de laisser entrer les visiteurs. Elle reçoit les adorateurs de ses charmes, en tenant constamment son mouchoir sur son nez. On plaisante sur sa blessure parce qu'on est persuadé qu'une fois la croûte tombée il n'y paraîtra plus. M. Bernouillet seul fait une grimace lorsque sa belle maîtresse ôte son mouchoir et lui laisse voir son visage; il s'écrie:

— Diable! mais si vous restiez comme cela, ce serait fort laid.

— Comme c'est bête ce que vous dites là, monsieur! est-ce qu'une croûte ne finit pas toujours par tomber?... Déjà celle-ci me démange, elle s'en ira bientôt.

— Tant mieux; je reviendrai vous voir quand vous ne l'aurez plus. Cela me contrarie trop de vous trouver avec cela au bout du nez.

Plusieurs jours se passent encore; enfin, un matin, en s'éveillant, Paola tâte son nez, sent que la croûte n'y est plus; elle s'est détachée pendant la nuit. Aussitôt elle tire sa sonnette et crie à Léontine qui accourt:

— Ma croûte est tombée... un miroir, Léontine... un miroir bien vite, que je me revoie jolie comme autrefois...

La glace est apportée; Paola se regarde, puis se frotte les yeux en disant:

— Mon Dieu!... qu'est-ce que cela signifie?...

est-ce que j'y vois double, à présent ! Il me semble que j'ai doux nez...

— Deux nez ! oh ! non, madame, vous n'en avez toujours qu'un... seulement... au bout il y a une séparation, c'est ce qui fait...

— C'est ce qui fait que j'ai l'air d'en avoir deux ; mais c'est affreux cela ! Voyez donc, Léontine, quelle singulière figure cela me fait... je ressemble à ces chiens qui ont le bout du nez partagé... ce sont les carlins, je crois...

— Oh ! madame, rassurez-vous, cela se rapprochera... cela finira par se rejoindre...

— Mais si cela ne se rapprochait pas... mais ma beauté est perdue alors.

— Oh ! que non ! Seulement, cela donne à madame une physionomie... tout à fait farce.

— Farce ! j'ai l'air farce !... ah ! malheureuse, et pas moyen de cacher cela !

Paola est désespérée ; plus elle se regarde, plus elle s'aperçoit que le changement survenu dans le bout de son nez change complétement sa physionomie. Elle se mouche à toute minute en se pinçant le nez, elle ne parvient qu'à le rendre plus rouge et à le faire enfler ; mais le morceau de chair qui a été enlevé a laissé un vide qui ne se comblera jamais.

M. Bernouillet revient voir sa maîtresse ; il fait un bond en arrière en apercevant son double nez.

— Est-ce que vous ne me trouvez plus jolie ? lui demanda Paola d'un air furibond.

— Oh ! si fait, pardonnez-moi... vous êtes encore bien... dans un autre genre... il faut s'y faire. Cela vous donne quelque chose de... je ne saurais vous dire...

— Vous faites bien d'arriver, monsieur, car j'ai besoin d'argent... je n'ai plus le sou, ce médecin m'a ruinée. Donnez-moi bien vite cinq ou six mille francs.

— Je ne les ai pas sur moi, répond l'entrepreneur en fourrant ses doigts dans sa tabatière. Je vais rentrer chez moi... je vous apporterai cela tantôt.

Et M. Bernouillet, qui semble très-pressé de s'en aller, prend son chapeau et disparaît.

— Cette vieille buse qui trouve que je suis moins jolie, sans doute, dit Paola, comme si je n'étais pas encore assez belle pour lui.

— Hum!... il est parti bien vite, murmure Léontine en hochant la tête, j'ai peur... j'ai bien peur...

Dans le courant de la journée on attend en vain le retour de l'entrepreneur, et madame de Beauvert est sur le point d'envoyer chez lui, lorsqu'on lui apporte enfin une lettre de M. Bernouillet qui, au lieu de billets de banque, ne contient que ces mots :

« Belle dame, vous avez trop souvent des atta-
« ques de nerfs, cela ne m'amuse pas, et puis
« votre nez a pris une forme qui n'est plus en
« rapport avec mes sentiments ; trouvez bon que
« toutes relations cessent entre nous.

« Votre ci-devant adorateur,

« BERNOUILLET. »

— Le cuistre!... le pleutre!... Ah! je suis enchantée d'être débarrassée de lui! s'éc ie Paola en cherchant à dissimuler son dépit, il y a longtemps que cet homme me déplaisait, qu'il m'était insupportable; je n'aurai pas de peine à le remplacer, à trouver beaucoup mieux que lui.

— Ce n'est pas sûr, se dit Léontine en elle-même; elle ne se doute pas combien son double nez la rend cocasse et vilaine... Voilà un galant qui s'envole, j'ai bien peur que les autres ne voltigent plus autour d'elle.

Cependant madame de Beauvert se trouvait en effet sans argent, car, ainsi que beaucoup de ses pareilles, elle n'avait aucun ordre et ne songeait qu'à dépenser, à briller, à s'amuser, ne payant ses fournisseurs que lorsqu'elle ne pouvait pas faire autrement. Sa rupture inattendue avec M. Bernouillet l'oblige à recourir à ses cachemires pour se faire de l'argent.

Mais les beaux messieurs qui venaient aussi faire leur cour à Paola avant le malheureux accident arrivé à son visage, deviennent de plus en plus rares depuis qu'ils ont vu son double nez. Bientôt le bel appartement de madame ne voit plus qu'elle et sa femme de chambre; elle, qui se lamente et se dépite, se désole de se voir abandonnée, et mademoiselle Léontine qui se dit *in petto* qu'elle fera bien de se chercher une autre place, parce que, où il n'y a plus d'amoureux, il n'y a plus de produits.

Le produit de deux cachemires a été bien vite dissipé. Pour ajouter aux embarras de Paola, tous les fournisseurs auxquels elle doit de l'argent et qui ont appris qu'elle avait cessé d'être la femme à la mode, arrivent avec leurs mémoires et veulent être payés sans retard. C'est le tapissier, la modiste, la couturière, le coiffeur, le gantier, le parfumeur ; il en arrive à chaque instant de nouveaux ; de son côté le propriétaire réclame deux termes arriérés, qu'il n'aurait jamais songé à demander tant que sa locataire ne sortait qu'en voiture. La pauvre Paola ne sait plus auquel entendre, déjà on la menace, on l'accable de papier timbré ; elle est obligée de vendre son riche mobilier et presque tous ses bijoux pour payer ce qu'elle doit. Puis, elle cherche un petit logement bien simple, bien modeste, pour s'y retirer avec le peu de meubles qu'elle a pu conserver.

C'est dans le haut du faubourg Saint-Martin que cette femme jadis si élégante, si belle, est obligée d'aller demeurer. C'est au quatrième, dans une maison dont les escaliers n'ont jamais été cirés, qu'elle a loué deux petites pièces et un cabinet, et qu'elle va habiter seule, n'ayant plus personne, car mademoiselle Léontine a depuis longtemps quitté son service.

Pour comble de disgrâce, Paola se sent atteinte de douleurs à la poitrine qui ne sont que la suite naturelle des nombreuses contrariétés, des malheurs qui lui sont survenus, et de son changement de fortune qui l'oblige à un changement de régime total et peu analogue à ses goûts.

Voilà pourtant où l'avait réduite le coup de bec de l'aimable Cocotte ! mais nous savons depuis longtemps que les plus graves événements proviennent souvent des plus petites causes.

Confiez donc encore votre visage à une perruche !... s'il vous en arrivait autant, parole d'honneur, je ne vous plaindrais pas.

XXXIII

Ce que fait Marie.

Trois mois se sont écoulés, Marie les a passés bien tristement, car dans le fond de son âme est toujours l'image de Roger, elle ne peut l'effacer de son souvenir ; mais, fidèle à la promesse qu'elle a faite à celle qui ne veut pas lui permettre de l'appeler sa mère, elle a évité avec soin toute rencontre avec le jeune artiste, et lorsque, plus d'une fois, elle l'a aperçu rôdant auprès du magasin de la lingère et quelquefois s'arrêtant bien longtemps dans la rue, dans l'espoir qu'elle sortirait, elle a détourné ses yeux et n'a point quitté sa place, trompant ainsi l'espérance de celui qui cherche toujours à lui parler.

Un matin, les trois demoiselles de magasin

étaient en train de s'habiller dans leur chambre commune, lorsqu'on entendit le cri d'un perroquet qu'un nouveau locataire avait apporté dans la maison. Aussitôt la grosse Tontaine s'écrie :

— Je ne puis plus entendre le cri de ces animaux-là, j'en ai une peur horrible depuis que je sais ce qui est arrivé à une dame avec sa perruche.

— Qu'est-il arrivé à cette dame? demande Thélénie.

— Sa perruche lui a mordu le bout du nez, lui en a emporté un morceau, au point qu'elle est défigurée... et une femme qui était si belle... que tous les hommes couraient après elle; mais vous en avez entendu parler... la Beauvert, la ravissante Beauvert !... c'est comme cela qu'on en parlait...

— Qu'est-ce que tu dis ?... c'est madame de Beauvert... la maîtresse de Roger, qui est défigurée ! dit Thélénie en poussant un cri de joie. Ah! que c'est bien fait ! ah ! que j'en suis enchantée ! elle n'enlèvera plus les amoureux aux autres... Ah! je suis contente...

Et Thélénie se met à danser dans la chambre, mais Marie, qui est devenue très-pâle en apprenant cette nouvelle, s'écrie :

— Ce n'est pas bien, Thélénie, de se réjouir du mal qui arrive aux autres. Vous n'êtes cependant pas méchante au fond.

— Tant pis... pourquoi cette chipie-là est-elle venue me narguer dans mon magasin ! je n'allais pas la chercher, moi.

— Tontaine, comment sais-tu tout cela? qui t'a appris cet événement?

— C'est mademoiselle Léontine, l'ancienne femme de chambre de madame de Beauvert, qui est venue hier acheter des fleurs au magasin... une couronne pour aller au bal... avec un jeune homme qui va peut-être l'épouser, parce qu'il aura peut-être un emploi dans un théâtre qu'on a envie de bâtir.

— Arrive donc à l'accident de cette dame.

— Eh bien, elle m'a dit : « Je ne suis plus chez madame de Beauvert, elle n'avait plus le moyen de me garder... au lieu d'avoir plusieurs domestiques, je ne sais pas même si elle pourra maintenant se donner une femme de ménage. »

— O mon Dieu! elle a donc été volée! s'écrie Marie.

— Pas du tout; mais depuis que sa perruche lui a emporté une partie du nez... tous les galants ont disparu... et son riche entreteneur tout le premier. Ces dames-là ont rarement l'esprit d'amasser, de mettre de côté... celle-ci n'avait que des dettes. Quand ils ont su qu'elle avait perdu sa beauté, tous les créanciers sont accourus comme une volée de pierrots... ils ont tout fait vendre... les meubles, les tableaux.

— Oh! mais c'est affreux, cela! Pauvre femme!...

— Pauvre femme!... Est-elle bête de la plaindre, cette Marie... Pauvre femme! elle n'avait qu'à ne point faire tant d'embarras... ce n'est pas moi qui m'apitoyerais sur son sort.

— Et y a-t-il longtemps que tout cela est arrivé ?

— Mais dame, mam'zelle Léontine m'a dit : « Il y a plus de trois mois que je ne suis plus chez madame de Beauvert. »

— Alors cette dame a sans doute changé de demeure ?

— Probablement ; mais je n'en sais pas davantage.

— Tant mieux ! c'est bien fait ! je suis contente ! s'écrie Thélénie en sortant, et bientôt la grosse Tontaine part aussi en disant :

— Ah ! les perroquets ! le plus souvent que j'en approcherai... je ne leur confierais pas ma pantoufle.

Marie est restée quelques instants absorbée dans ses réflexions ; mais bientôt elle achève à la hâte sa toilette, met un châle qu'elle ne prend pas ordinairement pour descendre à son magasin, et sortant par la porte cochère, ne regarde pas dans la boutique de sa lingère et se met en route pour la rue de Navarin, en se disant :

— Elle ne demeure plus là ; mais là, on doit connaître sa nouvelle adresse et je m'y rendrai sur-le-champ.

La jeune fille courait plutôt qu'elle ne marchait ; elle arrive à l'ancienne demeure de sa mère et s'adresse au concierge :

— Madame de Beauvert...

— Nous n'avons plus cela dans la maison, répond le portier d'un air impertinent ; il y a longtemps que nous sommes débarrassés de ce monde-là. On a tout vendu chez elle... Elle aurait aussi bien fait de me laisser son portrait qu'elle m'avait donné et qu'elle m'a repris... je ne sais pas pourquoi... un caprice, une idée qui lui sera passée par la tête...Ces femmes-là, est-ce que ça sait ce que ça veut ?...

— Mais où demeure-t-elle maintenant, cette dame ? reprend Marie, qui ne comprend rien au bavardage du portier.

— Vous voulez savoir son adresse... Ah ! je vois ce que c'est ! elle vous doit de l'argent... vous arrivez bien tard pour être payée...

— Non, monsieur, cette dame ne me doit rien.

— C'est étonnant, car elle devait à tout le monde.

— Son adresse, s'il vous plaît ?

— Attendez, je crois que je l'ai là sur un bout de carte... si je ne l'ai pas perdu cependant... car ça n'était pas bien utile, vous êtes la première personne qui soit venue la demander... Dis donc... hé, petit ! il y avait une carte par là... dans le coin...

— Le valet de trèfle ?

— Je ne sais pas si c'était le valet de trèfle ou de pique. Où est-elle cette carte ?

— J'ai fait un capucin avec.

— Comment, polisson !... sans ma permission !...

— Tu disais toujours : « C'est bon à jeter, ça... »

— Mais ce capucin, dit Marie, l'avez-vous encore ?

— Ah ! oui... le v'là...

— Ah ! de grâce ! donnez-le-moi.

Le fils du concierge ne se décide qu'avec peine à se dessaisir de son capucin; enfin Marie a la carte, elle peut y lire la nouvelle adresse de sa mère, et elle se met sur-le-champ en route pour le faubourg Saint-Martin.

C'était dans le haut du faubourg, passé la rue des Récollets, que cette femme qui, quelques mois auparavant, donnait les modes à Paris, avait été obligée d'aller se loger. Ce quartier populaire et populeux offrait un grand contraste avec la rue Navarin.

Marie s'arrête au numéro indiqué; elle entre dans une espèce d'allée, trouve avec peine une loge de portier où il fait noir en plein midi, et demande : Madame de Beauvert ?

— Madame de Beauvert ? nous n'avons pas ça, répond une portière aussi noire que sa loge. Puis elle ajoute la question inévitab'e :

— Qu'est-ce qu'elle fait, cette femme-là ?

— Mais elle ne fait rien... c'est une dame qui a été riche... qui ne l'est plus... elle doit être venue habiter ici il y a un peu plus de trois mois...

— Ah ! attendez donc... est-ce une dame qui a le bout du nez fendu ?

— Oui, justement.

— Ah !... fallait donc dire cela tout de suite... c'est madame Paola, alors et pas Beauvert comme vous disiez...

— Paola, oui ; elle se nomme aussi comme cela... vous la connaissez ?

— Pardi ! c'est moi qui lui fais son ménage. Ah !

à présent, je me souviens en effet, quand elle est entrée ici, elle nous a dit: « J'ai aussi un autre nom... » C'était celui que vous disiez. Ma foi ! je l'avais oublié...

— A quel étage demeure-t-elle, s'il vous plaît ?

— A c't'heure c'est au cinquième... Je dis à c't'heure, parce que au terme dernier elle logeait encore au quatrième... mais dame, trois cents francs, c'était trop cher pour sa bourse, et depuis huit jours elle est montée au cinquième... une chambre et un cabinet... c'est pas grand, mais aussi ça ne coûte que cent quatre-vingts francs.

— Cette dame est-elle chez elle maintenant ?

— Oui, oui : oh ! elle ne sort guère surtout depuis quinze jours qu'elle est malade... un rhume... une fièvre... Oh !... elle a une fichue mine.

Marie n'en entend pas davantage, elle monte rapidement l'escalier.

Trois mois avaient suffi pour mettre Paola dans une position voisine de la misère. Elle avait d'abord vécu du produit de quelques bijoux ; puis il lui avait fallu avoir recours à ses robes, à son linge. L'habitude de satisfaire toutes ses fantaisies lui avait ôté toute idée d'économie ; au lieu de ménager le peu qui lui restait, elle le dépensait encore comme au temps où elle donnait les modes, mais lorsqu'il lui fallut payer le terme de son nouveau logement, ce qui lui restait d'argent y passa, et en faisant la revue de ses effets, elle s'aperçut que bientôt elle n'aurait plus rien à vendre. Alors le découragement s'empara de cette femme qui ne se sentait plus capable de chercher des ressources dans le travail, alors elle quitta son petit logement du quatrième pour prendre la modeste chambre située au-dessus, et là, en proie à une fièvre lente, causée par l'ennui, l'inquiétude et les chagrins, elle passait ses journées à demi couchée sur une assez jolie causeuse qu'elle avait fait racheter lors de la vente de ses meubles: c'était tout ce qu'il lui restait de son ancienne opulence, et elle prévoyait avec douleur qu'avant peu il lui faudrait encore se séparer de ce dernier témoin de ses beaux jours.

Marie est arrivée au cinquième; une clef est sur la porte qu'on lui a indiquée; elle frappe légèrement, on ne lui répond pas; elle entre et se trouve dans le nouveau logement occupé par sa mère; son cœur se serre à l'aspect de cette chambre à peine meublée, car elle se souvient de l'élégance, de la richesse du bel appartement dans lequel habitait sa mère la dernière fois qu'elle s'est rendue chez elle.

Paola, étendue sur sa causeuse, a entendu ouvrir sa porte.

— Qui est là? demande-t-elle sans retourner la tête Est-ce vous, madame Lebas?... vous venez savoir ce que je veux pour mon dîner... mais je n'ai pas faim.

— Ce n'est pas madame Lebas... c'est moi... répond doucement Marie.

— Vous... qui... vous?

— Marie...

— Marie!...

Et Paola se soulevant à demi, considère la jeune

fille qui, debout devant elle, la regardait avec des yeux pleins de larmes, mais dans lesquels respirait toute sa tendresse filiale.

— Comment ! c'est vous, Marie ? dit enfin Paola d'un air surpris, et par quel hasard... Comment avez-vous su que j'étais ici ?

— Une de mes amies a rencontré votre ancienne femme de chambre qui lui a raconté le malheur qui vous est arrivé.

— Ah ! cet affreux accident... qui m'a défigurée... car je suis bien changée, bien laide à présent, n'est-ce pas ?

— Oh ! non, madame ; je ne vous trouverai jamais laide, moi.

La figure de Paola devient moins sombre, elle reprend :

— Vous avez appris tous mes chagrins, on m'a abandonnée... on m'a fuie... Ce M. Bernouillet... qui m'avait promis des rentes... Ah ! les hommes sont des ingrats... Malheureusement j'avais fait des dettes... qui est-ce qui n'en fait pas ? d'ailleurs est-ce que je pouvais deviner ce qui est arrivé ?... Tous ces maudits créanciers sont tombés sur moi. J'ai été obligée de tout vendre... vous le voyez... cette jolie causeuse est le seul meuble qui me reste... et avant peu il faudra m'en défaire... Ah ! c'est affreux la misère... Tenez, j'aimerais mieux être morte... mais heureusement je crois bien que je n'irai pas loin !

— Ah ! madame, par pitié, ne dites pas cela ! s'écrie Marie en prenant une main de sa mère qu'elle couvre de baisers et de larmes. Vous, mourir ! oh ! je ne le veux pas... Oh ! ne craignez plus la misère, ne craignez plus de manquer de quelque chose ; est ce que je ne suis pas là, moi ? est-ce que ce n'est pas mon devoir de vous soigner, de veiller sur vous, de travailler pour que vous ayez tout ce dont vous avez besoin ?

— Votre devoir, murmure tristement Paola... mais c'était le mien aussi de prendre soin de vous... et ce devoir, puisque je ne l'ai pas rempli, je n'ai pas le droit de rien exiger de vous.

—Ah ! madame, vous ne devez pas vous accuser... est-ce que j'ai jamais manqué de rien ? est-ce que je n'ai pas passé une jeunesse heureuse et tranquille ? On m'a appris à travailler... n'est-ce pas la meilleure éducation que l'on pouvait me donner ? et j'en suis fière maintenant, puisque cela me mettra à même de vous servir, de vous prouver mon dévouement, de vous être utile. Ah ! ce n'est pas seulement un devoir que je remplirai : ce sera pour moi un plaisir, un bonheur, si je puis ainsi vous prouver mon amour.

Paola regarde Marie et, pour la première fois peut-être, elle porte avec joie ses yeux sur sa fille, puis elle lui dit :

— Merci... merci, Marie... vous êtes bonne... vous vous intéressez à moi... qui ne vous ai guère témoigné d'intérêt lorsque j'aurais dû le faire. Ah ! si j'ai été coupable, je suis punie... car c'est triste, bien triste de se voir constamment seule dans une misérable chambre après avoir vécu dans le monde, dans l'abondance et au milieu de plaisirs sans cesse renaissants.

— Oh ! mais tranquillisez-vous, madame, désormais vous ne serez plus seule, car je serai là, moi, toujours auprès de vous... Si vous me le permettez, je ne vous quitterai plus et c'est moi qui serai bien heureuse alors.

— Comment ! Marie, vous consentiriez à rester avec moi dans ce triste réduit ?

— Consentir... oh ! mais je vous demande comme une grâce de me le permettre... je serai si contente de ne plus vous quitter.

— Pauvre Marie !... mais cela ne se peut pas... vous êtes chez une lingère, vous perdriez votre place.

— Ma place est près de vous, madame, du moment que vous avez besoin de moi. D'ailleurs, au lieu de travailler dans le magasin de ma lingère, je travaillerai ici, voilà tout. Oh ! je suis bien sûre que je ne manquerai pas d'ouvrage... dites-moi seulement que vous consentez à ce que je vienne demeurer avec vous... tant que je vous serai utile. Eh bien, si quelque jour votre position change, si vous redevenez riche... heureuse... alors vous me renverrez. Je m'en irai... et je ne me plaindrai pas. Oh ! je ne me plaindrai jamais.

— Ah ! Marie, c'est bien, ce que vous me dites là, mais je ne sais si je dois accepter votre dévouement... vous serez si mal ici... voyez donc, je n'ai que cette chambre, et un cabinet... là... à côté.

— Oh ! c'est bien suffisant... ce cabinet... il est bien assez grand pour y mettre ma couchette... je n'ai que cela de meubles à moi. Je vais retourner bien vite prévenir ma lingère et faire apporter ici tous mes effets... cela ne tiendra pas beaucoup de place... et puis je reviens m'installer près de vous. Oh! j'ai aussi mes petites économies... près de deux cents francs que j'ai amassés... ils sont pour vous... désirez-vous que je vous achète quelque chose ?... dites... vous voyez bien qu'il ne faut plus vous priver de rien.

— Merci, Marie... plus je vous vois bonne, plus je me repens d'avoir été si indifférente avec vous.

— Ne dites plus cela... maintenant vous m'aimez un peu... n'est-ce pas? Au revoir. Je vais courir... me dépêcher, oh! vous me reverrez bientôt.

Marie est partie le cœur content, légère comme un oiseau, parce qu'elle pense qu'elle va vivre près de sa mère et qu'elle pourra nuit et jour veiller sur elle, lui prodiguer ses soins. Elle arrive chez sa lingère, qui était fort surprise de son absence, mais qui l'est bien plus encore lorsque la jeune fille lui apprend qu'elle est obligée de la quitter.

— Vous voulez me quitter, mademoiselle ? dit la dame dont la physionomie est devenue sévère, et pour quel motif voulez-vous sortir d'ici?

— Madame... c'est pour aller demeurer avec une personne qui est malade et qui a besoin de moi.

— Une personne qui a besoin de vous ! murmure la lingère en hochant la tête d'un air de doute.

— Mais vous m'avez dit que vous n'aviez point de parents... pour qui donc abandonnez-vous ainsi votre position ? J'avais des égards, de l'amitié pour vous... vous étiez fort bien vue ici... et vous voulez me quitter... cela ne se comprend pas.

La pauvre Marie n'osait pas dire que c'était pour aller soigner sa mère, car elle se souvenait toujours que celle-ci lui avait défendu de se dire sa fille. Elle balbutie :

— Madame, il ne faut pas m'en vouloir. Je suis bien reconnaissante des bontés que vous avez eues pour moi... mais il faut que je vous quitte.

— Et quand comptez-vous accomplir ce beau projet, mademoiselle ?

— Tout de suite, madame ; je vais prendre mes effets et m'en aller...

— Ah! c'est trop fort... sans même me donner le temps de chercher quelqu'un pour vous remplacer... et c'est ainsi que mademoiselle est reconnaissante de mes bontés! Eh bien, partez, mademoiselle ; mais ne remettez plus les pieds ici, n'espérez pas y jamais rentrer surtout.

— Je croyais que madame voudrait bien me confier de l'ouvrage ?

— Moi! vous donner de l'ouvrage! Oh! ne l'espérez pas... Je n'emploierai jamais quelqu'un qui se conduit comme vous le faites en ce moment. Voici l'argent qui vous revient. Adieu, mademoiselle, vous pouvez partir...

La lingère a jeté quelques pièces de cinq francs sur le comptoir, puis elle tourne le dos à Marie, qui prend son argent et monte à la hâte dans sa chambre, faire ses apprêts pour partir en se disant :

— Madame est fâchée, ce n'est pas ma faute.

Ma mère est seule et souffrante, je ne devais pas reculer le moment de me rendre près d'elle. Si on ne me donne pas d'ouvrage ici, j'en trouverai ailleurs... car je sais bien travailler, et tout le monde ne sera pas en colère contre moi...

Trois heures plus tard, Marie était installée chez sa mère ; son petit lit était dressé dans le cabinet dans lequel elle avait encore trouvé moyen de placer sa malle ; puis elle s'occupait à tout ranger, à tout approprier dans la chambre, car la portière n'avait fait l'ouvrage qu'en gros, et Paola n'avait jamais eu le courage de se livrer à aucune besogne.

On était aux derniers jours d'octobre et déjà le froid se faisait sentir. Jusqu'alors Paola s'était privée de feu, mais Marie s'empresse de faire venir du bois, et bientôt la flamme qui pétille dans la cheminée ranime la malade et donne à la chambre qu'elle habite un air de gaieté, de vie qu'elle n'avait plus depuis longtemps.

Puis la jeune fille s'occupe du dîner. Paola se faisait apporter à manger de chez un petit gargotier du quartier. Cela revenait cher et cela était mauvais.

— Désormais, dit Marie, je ferai la cuisine ; je mettrai le pot-au-feu, je le soignerai tout en travaillant ; vous aurez du bon bouillon qui vous fera du bien et vous dépenserez moins d'argent.

Paola écoutait Marie avec surprise : elle la regardait aller et venir dans la chambre, rangeant, nettoyant avec soin. Déjà, grâce à la jeune fille, le logement avait pris un tout autre aspect ; et cette femme qui, au sein de l'opulence, avait perdu toute habitude du travail, ne concevait pas que Marie pût faire tant de choses sans se plaindre, sans avoir l'air d'être fatiguée.

Dans la soirée, Marie visite le linge, les effets de sa mère et s'occupe à raccommoder, à remettre en état bien des choses que Paola avait jetées de côté pour ne pas y faire un point ou une reprise.

La soirée se passe ainsi. Paola se met au lit, moins triste, moins inquiète sur son avenir; Marie lui demande alors si elle n'a plus besoin de rien et la supplie de l'appeler dans la nuit, si elle désire quelque chose. Puis, elle va regagner son cabinet après avoir tendrement pressé la main de sa mère, lorsque celle-ci la rappelle en lui disant :

— Ne voulez-vous pas m'embrasser, ma fille ?

Ce doux mot : « Ma fille ! » qu'elle s'entendait adresser pour la première fois, cause à Marie une sensation si vive, si ravissante, qu'elle demeure un moment comme saisie, comme étourdie par son bonheur; mais bientôt elle court au lit de Paola, elle la presse dans ses bras, la couvre de baisers en l'appelant mille fois sa mère et ne la quitte qu'en répétant :

— Bonsoir, ma mère... Ah! je suis bien heureuse !... Ah! ce jour est le plus beau de ma vie !

Le lendemain de bon matin, Marie se lève, et, après avoir tout préparé pour le déjeuner, sort en se disant :

— Allons demander de l'ouvrage... je dirai à

ma mère que ma lingère m'en fournit toujours... Rendons-nous chez celles où je suis allée quelquefois en commission ; elles me connaissent, elles ne me refuseront pas.

Marie parvient en effet à obtenir de l'ouvrage chez une lingère ; mais elle est surprise du peu qu'on doit le payer. Cependant elle accepte ce qu'on lui donne et se hâte de retourner près de sa mère en se disant :

— Je ne lui dirai pas que je vais gagner si peu, car cela l'inquiéterait pour notre existence ; mais en travaillant quelques heures de plus le matin et le soir, je saurai bien faire en sorte qu'elle ne manque de rien.

Paola, qui voit revenir Marie avec de l'ouvrage, est persuadée que sa lingère l'emploie toujours, et, fort ignorante de ce que peut gagner une femme avec le travail à l'aiguille, elle ne s'inquiète plus de leurs moyens d'existence futurs, et laisse sa fille prévenir tous ses désirs, satisfaire ses moindres fantaisies, sans songer que tout ce qu'elle dépense d'inutile coûte à Marie plusieurs heures de travail et souvent de sommeil.

L'hiver qui arrive nécessite de nouvelles dépenses, il faut du bois pour se chauffer, il faut de l'huile pour veiller et travailler tard. Paola ne sort presque plus depuis l'accident qui l'a enlaidie, et, lorsque par hasard elle quitte sa chambre, c'est toujours avec un grand voile par-dessus son chapeau ; mais le chagrin qu'elle éprouve de ne plus être jolie est un mal dont elle ne peut guérir et que tous les soins de sa fille ne peuvent parvenir à dissiper.

Bientôt elle se sent atteinte d'une toux plus violente, et ne quitte plus le coin de son feu : la pauvre Marie travaille avec plus d'ardeur que jamais afin de pouvoir acheter du bois, indispensable pour sa mère ; depuis longtemps ses petites économies sont épuisées, car la malade a eu bien des fantaisies que sa fille a voulu contenter. Mais Marie ne se plaint pas, bien loin de là, elle se trouve heureuse maintenant qu'elle peut appeler Paola sa mère et que celle-ci lui donne le doux nom de fille.

Une seule crainte vient quelquefois assaillir Marie : si l'ouvrage venait à lui manquer. Cette pensée lui donne un serrement de cœur, mais elle l'écarte bien vite comme un mauvais rêve en se disant :

— Le ciel ne permettra pas que je manque d'ouvrage, puisque ma mère n'a plus que moi pour soutien.

XXXIV

Le Gâteau des Rois.

Thélénie et Tontaine avaient été bien surprises, lorsqu'un matin, en s'éveillant de fort bonne heure, elles s'aperçurent que leur compagne de chambre, Marie, n'était pas avec elles. Puis, regardant mieux, elles voient ce qu'elles n'avaient pu remarquer la veille, parce que souvent ces demoiselles se couchaient sans lumière, que la couchette de Marie avait été enlevée, ainsi que sa malle et plusieurs petits bibelots lui appartenant et qui étaient habituellement placés sur la cheminée.

— Quoi! Marie est partie? dit Thélénie, partie... sans même nous dire adieu...

— C'est bien singulier cela... qu'est-ce que cela veut donc dire? est-ce que sa lingère l'aurait remerciée?

— Oh! ce n'est pas probable, et puis elle lui aurait toujours donné le temps de chercher une autre place. Tontaine, puisque tu es habillée, toi, descends donc t'informer chez la lingère ou chez le portier... enfin, demande à quelqu'un ; il faut absolument que nous sachions ce qui est arrivé à Marie... ce qu'elle est devenue...

La grosse fleuriste descend ; au bout de dix minutes elle remonte et dit à Thélénie :

— Je sais tout. Je viens de voir la chipie qui est chez la lingère et qui était la camarade de Marie. Elle m'a conté ce qui s'est passé... c'est bien extraordinaire... c'est à ne pas le croire !

— Si tu me le disais un peu, je verrais si je dois le croire.

— Marie, qui était sortie hier de très-bon matin et sans demander la permission à sa lingère, est arrivée au magasin sur le midi pour dire à sa patronne qu'elle la quittait, qu'elle ne pouvait plus rester avec elle. Juge de l'étonnement de la lingère, qui lui demande pour quels motifs elle veut sortir de chez elle. Marie n'en donne aucun... elle avoue qu'elle n'a pas la moindre plainte à faire ; elle remercie cette dame de ses bontés, de l'amitié qu'elle lui a toujours témoignée, assure qu'elle en est très-reconnaissante, puis finit en disant qu'elle veut s'en aller tout de suite.

— Tout de suite?... sans donner le temps de chercher quelqu'un pour la remplacer ?

— Oui, sans accorder le moindre délai. Juge de la colère de sa patronne, qui lui a jeté au nez l'argent qu'elle lui devait, en lui disant : « Eh bien, mademoiselle, allez-vous-en, fichez-moi le camp ; mais surtout ne remettez jamais les pieds ici... ne vous y représentez pas pour demander de l'ouvrage, vous n'en aurez jamais. » Et là-dessus ma lingère lui a tourné le dos et Marie est remontée ici, d'où elle a emporté ce qui était à elle à l'aide d'un commissionnaire, et elle est partie.

— Sans dire où elle allait !

— Sans rien dire, et le concierge ne connaît même pas le commissionnaire qui portait sur son dos son lit et sa malle.

— C'est bien singulier de la part de Marie, qui ne sortait jamais, qui ne causait avec personne.

— Il faut cependant qu'elle connaisse quelqu'un ; elle ne serait pas partie comme cela pour n'aller chez personne.

— Tiens, vois-tu, Tontaine, il ne faut pas se fier à ces petits airs pincés qui font tant les farouches. Marie aura fait la connaissance d'un monsieur riche qui l'aura mise dans ses meubles. Voilà le fin mot.

— C'est possible... elle s'est joliment cachée de nous alors ! C'est égal, je désire qu'elle soit heureuse, car elle était bien douce, bien obligeante... elle ne se moquait de personne.

— Ah ! moi aussi, je ne lui en veux pas, au contraire ; seulement, quand on a des amies comme nous, on leur conte ses affaires... Moi, je dis tout ce qui m'arrive. Mais Marie ne causait pas assez.

Quelques mois plus tard, on était dans les commencements de janvier. Après les fêtes du jour de l'an arrive presque aussitôt celle des Rois. Les demoiselles de magasin que nous connaissons s'étaient depuis longtemps promis de se réunir ce soir-là et de tirer entre elles le gâteau des Rois.

La grande Fanfinette, qui était dans un magasin de modes de la rue Saint-Honoré, occupait provisoirement une fort belle chambre que lui avait offerte un jeune musicien, obligé de partir brusquement pour l'Allemagne, et qui avait laissé dans son logement un piano qu'il n'avait pas eu le temps de vendre. La chambre de mademoiselle Fanfinette pouvait contenir aisément une vingtaine de personnes ; c'était donc chez elle que l'on était convenu de se réunir. Ces demoiselles, sachant qu'il y avait un piano chez Fanfinette s'étaient dit :

— Nous danserons au piano.

Il n'y avait qu'une petite difficulté : c'est qu'aucune de ces demoiselles, ne savait en toucher. La réunion devait se composer de Thélénie, Tontaine, Fanfinette, Nanine, Edelmone, Anisette et deux amies de ces demoiselles. D'abord on s'était bien promis de n'admettre aucun homme à cette soirée ; mais ensuite un amendement avait été proposé, c'est que l'on pourrait y inviter un monsieur s'il savait toucher du piano.

Comme il n'y a pas de bonne fête si l'on ne s'y restaure pas, on s'était dit :

— Quand nous serons toutes réunies nous improviserons un petit souper suivant nos moyens.

Le jour des Rois est arrivé. La réunion est fixée pour neuf heures au plus tard ; mais plusieurs de ces demoiselles ne peuvent être libres avant. A huit heures, Fanfinette et Nanine s'occupent déjà à préparer le local pour la fête. D'abord, comme il gèle très-fort, c'est un grand feu qu'on a allumé dans la cheminée ; ensuite on songe à l'éclairage. Fanfinette veut que ce soit très-brillant ; elle a emprunté une lampe Carcel à une voisine, un quinquet au portier ; joignez à cela deux flambeaux dépareillés dans lesquels elle met de la bougie, et un brûle-tout qu'elle place sur son carré, et vous aurez une idée de l'éclairage de cette soirée.

A huit heures et demie, un bruit de socques qui se fait dans l'escalier annonce l'arrivée de plusieurs de ces demoiselles. En effet, c'est Anisette avec deux apprenties en confection ; on les entend bavarder depuis le premier étage :

— Ah ! que c'est brillant ici ! dit Anisette en entrant chez la modiste ; en vérité, c'est superbe... j'ai cru que j'entrais au grand hôtel du boulevard de la Madeleine... Mesdemoiselles, ôtons nos socques et tâchons de ne pas les mêler. Dernièrement on m'a pris un des miens et on m'en a laissé un cassé à la place... j'ai été obligée de revenir en boitant.

— Vous n'amenez pas de pianiste? dit Fanfinette.

— Je ne connais en fait de musicien que M. Colinot; il viendra sur les dix heures, il ne peut pas venir avant, il est dans un orchestre de théâtre.

— Et il sait toucher du piano, ton M. Colinot?

— Dame!... je pense que oui, puisqu'il est musicien. Est-ce que tous les musiciens ne jouent pas du piano?

— Je n'en suis pas persuadée.

— Et le souper? as-tu pensé au souper, au gâteau des Rois?

— Tu sais bien que nous ne devons régler le menu que quand tout le monde sera réuni.

— Ah! à propos, j'ai rencontré Sibille Peloton; je lui ai parlé de notre soirée, il m'a demandé à venir.

— Tu l'as refusé, j'espère; il promettrait beaucoup de choses et n'apporterait rien.

— Je lui ai dit : « Nous ne recevons que les jeunes gens qui savent toucher du piano; » alors il m'a assuré qu'il en touchait très-bien.

— Je parie que c'est un mensonge. Alors il viendra, ce mauvais sujet?

— Dame! puisqu'il nous faudra danser.

— Ah! j'entends Edelmone.

— Elle est avec un monsieur. Ah! quelle grande asperge!

— C'est, dit-elle, un jeune homme très comme il

faut, qui arrive d'Amérique et veut l'établir dans la haute nouveauté.

— Il a l'air d'un fameux jobard.

— Chut! le voilà.

La sentimentale Edelmone fait son entrée en tenant toujours son bras sous celui de son cavalier. Celui-ci, habillé tout en noir et cravaté de blanc, se tient raide comme un pieu et salue tout d'une pièce, tandis que son introductrice dit :

— Mesdemoiselles, permettez-moi de vous présenter M. Yorksir, Anglo-Américain, qui a l'intention de s'établir peut-être à Paris où il vient se perfectionner dans la langue française.

— Il a l'air d'un employé aux pompes funèbres, son Anglo, dit tout bas Anisette.

— Et monsieur sait toucher du piano ? dit Fanfinette au nouveau venu.

— Oh ! yes, médemoiselle ; je apprenais depuis trois années.

— S'il apprend depuis trois années, il doit être fort, murmure la modiste, tandis que le couple qui vient d'arriver se dirige, sans se lâcher, du côté de la cheminée, et se chauffe en se tenant toujours sous le bras, comme s'ils étaient sur le boulevard.

— Il paraît qu'Edelmone a peur qu'on ne lui vole son Anglo-Américain, murmure Anisette en riant. Voyez donc, mesdemoiselles, elle ne le lâche pas, même pour chauffer ses pieds... ce sera drôle si cela dure comme cela toute la soirée.

— Écoutez donc, mesdemoiselles, Edelmone a

eu tant de peine à trouver un amoureux, qu'il n'est pas étonnant qu'elle s'y agrippe.

Les réflexions de ces demoiselles sont interrompues par l'arrivée de Thélénie ; la belle brune fait son entrée en polkant, puis s'arrête au milieu de la chambre, en disant :

— Eh bien ! je n'entends pas la musique... est-ce qu'il n'y a personne pour nous toucher quelque chose...

— Si, voilà un monsieur qu'Edelmone a amené, et qui a trois ans de piano ; il faut espérer qu'elle lui lâchera le bras pour qu'il nous fasse danser; nous attendons aussi M. Colinot qui est musicien dans un théâtre.

— A l'Opéra ?
— Non, aux Funambules.
— C'est pas la même chose.
— Mesdemoiselles... il faut bien commencer... les premiers talents dramatiques se sont fait connaître d'abord aux boulevards.

— C'est juste... Et le souper, mesdemoiselles, y pense-t-on ?

— Quand nous serons toutes réunies... il nous manque encore Tontaine... elle ne peut tarder.

Un bruit inattendu qui se fait sur le carré attire l'attention de la société ; on court voir ce qui se passe et on trouve Sibille Peloton, qui a marché sur le brûle-tout et mis le feu au bas de son pantalon.

— Un verre d'eau, mesdemoiselles... sauvons mon pantalon ! s'écrie Sibille.

— Ah ! il arrive pour faire des bêtises, celui-là,

dit Fanfinette. Comment! vous écrasez mon brûle-tout?

— J'ai cru que c'était un lampion.

— Ce n'était pas une raison pour marcher dessus... Tenez, voilà un verre de cidre... Eh bien, il le boit!

— Pourquoi pas? mon pantalon est éteint... il y a un morceau de brûlé... mais ça ne se voit pas... Mesdemoiselles, je vous présente mes hommages!...

— Comment! vous avez invité ce petit blagueur? dit Thélénie, et de quel droit est-il de notre festin?

— Il a dit qu'il savait toucher du piano.

— Nous allons voir si cela est vrai... Allons, jeune Peloton, mettez-vous au piano et jouez-nous un quadrille.

— Quoi! mesdemoiselles, à peine arrivé... laissez-moi du moins le temps de me chauffer... J'ai l'onglée aux doigts.

— Chauffez-vous vite alors.

— Si monsieur voulait, en attendant, nous jouer un petit air... pour que nous sautions un peu, dit Fanfinette en s'adressant à l'étranger. Celui-ci détache enfin son bras de celui d'Edelmone et fait un profond salut en répondant :

— *Oh! yes! miss...* médemoiselles, je voulais bien... je suis content de pouvoir... amuser vo...

Et se monsieur se dirige majestueusement vers le piano; il s'asseoit, se mouche, regarde longtemps les touches, semble chercher dans sa tête ce qu'il veut exécuter, puis enfin pose ses mains

sur le clavier, a l'air fort embarrassé et essaie
d'un doigt, deux ou trois notes tout en disant :

— Je ne me rappelle plus bien mon air... Oh!
je vais retrouver... Ah! oui... je sais... Oh! le
voilà...

Et M. Yorksir se met à jouer l'air de Mal-
brough en y faisant un accompagnement faux.

— Mais c'est Malbrouck, ça! crient les demoiselles, nous ne pouvons pas danser là-dessus !...
jouez-nous donc autre chose...

— Vo volez autre chose?

— Oui, oui ; un air dansant.

— Attendez que je me souvienne... oh! oui, je
savais autre chose... oh! je me souviens...

Et ce monsieur se met à jouer : *Ah! vous dirai-
je, maman...*

— Mais c'est encore pis que l'autre, ça, dit Thélénie ; on ne danse pas là-dessus... autre chose,
monsieur...

— Encore autre chose... Oh!... attendez... je
volais bien.

M. Yorksir recommence l'air de Malbrouck ;
toutes les jeunes filles crient :

— Assez, assez... pas celui-là !

Alors ce monsieur rejoue : *Ah! vous dirai-je,
maman!...* et finit par déclarer qu'il ne sait encore que ces deux airs-là.

— Il va bien, ce gaillard-là, pour trois ans de
piano, dit Sibille en continuant de se chauffer ;
s'il continue, dans une dizaine d'années il saura la
Monaco.

— Comment! monsieur, il y a trois ans que

vous apprenez le piano et vous ne savez encore que ces deux airs-là? dit Fanfinette à l'Anglo-Américain, qui répond :

— Oh! miss, attendez... Je avais commencé il y a trois ans, mais je avais pas continué. Je avais *rappris* il y a deux ans, mais je avais suspendu. Je avais remis à apprendre il y a un an... mais je avais encore cessé... Je recommence seulement depuis huit jours...

— Eh bien, si nous n'avons que vous pour nous faire danser, ce sera gentil...

— Edelmone nous a mis dedans avec son Anglo. Mesdemoiselles, il faudra qu'il paye un fameux gâteau des Rois pour nous dédommager.

— Oh! oui, avec un pâté en guise de fève.

— Allons, petit Sibille, vous vous êtes assez chauffé, vous ne devez plus avoir l'onglée... vite au piano et faites-nous sauter.

Le jeune négociant fait la sourde oreille; mais Anisette et deux autres demoiselles vont le chercher et le poussent vers le piano. Quand il est tout contre, il met ses deux mains sur l'instrument en disant :

— Mesdemoiselles, je vous ai dit que je savais toucher du piano, je ne vous ai pas menti : voyez si, en ce moment, je ne le touche pas et des deux mains encore... mais je n'en touche pas autrement que ça...

Un cri général s'élève, les jeunes filles se jettent sur Sibille, qui rit comme un fou ; elles veulent le battre et le renvoyer, mais il demande grâce en disant :

— Mesdemoiselles, suis-je donc si coupable, parce que je désirais passer la soirée avec vous?... mais si je ne sais pas jouer de cet instrument, en revanche, je joue très-joliment du mirliton, et j'en ai apporté un qui est de taille; voyez...

En disant cela, le jeune homme sort de sa poche un mirliton qui a deux pieds de long. La vue de cette flûte à l'oignon calme ces demoiselles, et Thélénie s'écrie :

— Enfin, si nous n'avons pas mieux, nous danserons au mirliton... Mais voyez donc, cette Tontaine qui ne vient pas.

— On monte l'escalier, c'est elle, sans doute.

— Non, c'est M. Colinot.

— Ah! un vrai musicien, celui-là; il nous fera danser au moins.

M. Colinot est un petit homme de cinquante ans, très-laid, très-chauve, très-sale, qui a toujours une redingote aussi longue qu'une soutane, qu'il boutonne hermétiquement afin d'avoir plus de négligence dans l'entretien de ses pantalons. Du reste, d'un caractère charmant, fait tout ce qu'on veut pour se rendre agréable en société.

Les demoiselles l'entourent en criant :

— Ah! voilà M. Colinot! bonsoir, monsieur Colinot.

— Mesdemoiselles, j'ai bien l'honneur... je suis venu plus tôt que je n'espérais; mais il y a notre comique qui s'est donné une entorse... on n'a pas pu finir la pièce.

— Ah! comme c'est heureux!... vous allez nous faire danser, monsieur Colinot?

— Je demande pas mieux, mesdemoiselles... Est-ce que vous avez une contre-basse ici?

— Une contre-basse!... par exemple!... nous avons un piano.

— Ah! diable! c'est que je ne sais pas le piano, moi; mon instrument, c'est la contre-basse.

— Ah! mon Dieu! nous sommes encore volées!... Comment, monsieur Colinot, vous ne savez pas une pauvre petite polka au piano?

— Je ne m'y suis jamais essayé, mesdemoiselles... mais si on pouvait trouver une contrebasse chez des voisins...

— Laissez-nous donc tranquilles! joli instrument pour danser... c'est bon pour faire valser des ours.

— Ah! je joue encore du triangle.

— Nous n'en avons pas.

— Avec des pincettes, je l'imiterai parfaitement.

— Des pincettes et un mirliton! il sera harmonieux, notre orchestre!

— Mesdemoiselles, dit Thélénie, comme je vois que la danse n'ira que d'une jambe, faisons toujours le menu du souper, nous n'avons pas besoin d'attendre Tontaine pour cela... Voyons, d'abord, sommes-nous bien riches? mettons à la masse... moi, je mets vingt francs.

— Diable! tu es riche, toi, dit Fanfinette; moi, j'en mets quinze...

— Moi, dix.

— Moi, autant.

— Moi, cinq.

— Moi, six francs.

— Moi, dit la jeune Nanine, je n'ai pu économiser que trois francs dix sous.

— Ça ne fait rien... chacun selon ses moyens... pas de fierté ici... Cela nous fait déjà soixante-neuf francs cinquante... c'est gentil... il y a encore Tontaine, mais elle n'augmentera pas beaucoup la masse.

— Et ces messieurs que nous oublions... puisque c'est un pique-nique, il me semble que nous n'avons pas besoin de les régaler.

— D'autant plus qu'ils ne touchent pas du piano.

Fanfinette présente à M. Yorksir l'assiette dans laquelle on a mis l'argent, en lui disant :

— Monsieur, que mettez-vous pour le souper ?

Le soupirant d'Edelmone regarde l'assiette, regarde la société, puis regarde le plafond.

— Est-ce qu'il cherche encore un air ? dit Anisette.

— Pardon, mademoiselle, miss... je comprenais pas.

— Edelmone, fais donc comprendre à ce monsieur que c'est un pique-nique... et que chacun paye...

La grande blonde chuchote dans l'oreille de son amoureux, qui se pince les lèvres d'un air vexé et sort enfin de sa poche trois pièces de vingt sous en disant :

— Oh ! pardon, je savais pas qu'on payait... very well... voilà trois francs, je mangerai pas pour davantage !...

— Eh bien ! il est généreux, son noble étranger, dit Thélénie en riant ; je crois que cette grande Edelmone s'est moquée de nous ; c'est un Américain de Chaillot, ça... Voyons à Sibille, maintenant. Allons, petit bel homme... exécutez-vous, vous avez un mensonge à expier.

Sibille fouille dans une poche, puis dans l'autre, puis dans ses goussets et s'écrie :

— Ah ! sapristi !... j'ai oublié ma bourse !...

— Oh ! nous la connaissons celle-là... elle est mauvaise ; mesdemoiselles, fouillez ce monsieur.

Le jeune Peloton se laisse fouiller, on trouve sur lui une pièce de dix sous et sept gros sous.

— Mon petit, dit Fanfinette, je vous certifie que vous ne mangerez que pour dix-sept sous.

— Mesdemoiselles, rassurez-vous ; je voulais vous faire une surprise, mais puisque vous m'y forcez, je dois vous dire que j'ai commandé un superbe gâteau des Rois qu'on apportera dans une heure.

— Nous verrons si c'est encore un mensonge... si le gâteau ne vient pas, prenez garde à vos oreilles.

— Mesdemoiselles, dit M. Colinot, permettez-moi de vous offrir ces quarante sous... je regrette de ne pouvoir faire plus...

— Oh ! vous, papa Colinot, vous ne payerez pas, nous voulons vous régaler.

— Non, mesdemoiselles, je ne le souffrirai pas... je tiens à contribuer au souper.

— Soit !... Nous possédons alors soixante-quinze francs et sept sous, en comptant le fond des goussots de M. Sibille ; mais avec cela nous pouvons faire un festin de Balthazar. Pâté, volaille, jambon, saucisson, fromage, gâteau, petits-fours...

— Et des mendiants, mesdemoiselles ; n'oubliez pas les quatre mendiants.

— Et du vin donc !

— J'ai déjà du cidre ici.

— Oh ! nous aimons mieux le vin... nous pourrons nous permettre deux bouteilles de champagne... enfin il faut tout dépenser.

— Oui, oui, jusqu'au dernier sou.

— Il faut tout manger.

— Et tout boire ! s'écrie le jeune Peloton en se frottant les mains.

— Mais quelqu'un monte l'escalier.

— Ah ! voilà Bouci-boula, ce n'est pas malheureux.

La grosse Tontaine entre avec un cabas sous son bras et salue à droite et à gauche.

— Bonsoir, mesdemoiselles.

— Te voilà enfin ! s'écrie Thélénie, et pourquoi donc viens-tu si tard, toi qui devais te charger d'aller aux provisions ?

— Ah ! mademoiselle... ce n'est pas ma faute... c'est que... si vous saviez... j'ai fait une rencontre...

— Tiens ! on dirait que tu as pleuré, Tontaine ; tu as l'air tout triste.

— Oui, j'ai pleuré... ah ! cela m'a fait tant de peine de la voir ainsi !...

— Qui donc ?... voyons, parle, conte-nous ce qui t'a comme cela attristée...

— Eh bien, mesdemoiselles, voilà ce que c'est : Figurez-vous que je sortais de chez le charcutier... où je venais d'acheter un jambon de Reims..., tout désossé... tenez, le voilà.

— Oh ! c'est délicieux cela...

— Diable !... Tontaine s'est distinguée... c'est cher ça...

— Mais laissez-la donc parler.

— Eh bien, tout à coup je me trouve en face d'une figure pâle et maigre... et un air si malheureux... je ne l'aurais pas reconnue, si elle ne m'avait dit bonsoir la première. C'était Marie...

— Marie... notre ancienne camarade de chambre ?

— Oui, Marie, notre ancienne compagne... qui était si gentille, si fraîche... Ah ! si vous saviez comme elle est changée... c'est à ne pas croire que c'est elle !

— Que lui est-il donc arrivé ?

— Elle n'a donc pas fait fortune ?

— Celui qui l'a fait quitter son magasin l'a donc plantée là ?

— Ah ! mesdemoiselles, ce n'était rien de tout cela... nous avions mal jugé Marie, cette pauvre fille ; c'est pour avoir soin de sa mère, c'est pour la soigner... pour rester toujours près d'elle qu'elle a tout à coup quitté sa lingère.

— Sa mère... elle a donc retrouvé sa mère ? je croyais qu'elle n'en avait pas.

— Qu'elle est bête cette Anisette ! comme si on n'avait pas toujours une mère... Seulement, il paraît que celle-ci, qui voulait sans doute faire toujours la jeune, ne voulait pas qu'on sût qu'elle avait une fille.

— Il y en a beaucoup de mères comme ça, qui ne veulent être que notre sœur.

— Elle avait défendu à Marie de dire qu'elle était sa fille... probablement que dans ce temps-là elle roulait sur des cachemires ; mais elle est devenue malheureuse, et alors elle a été bien heureuse de trouver sa fille pour la soigner.

— Pauvre Marie ! Comment ! c'était pour soigner sa mère qu'elle quittait si brusquement sa lingère ?... et nous qui la croyions richement entretenue.

— Le plus malheureux de tout cela, c'est que sa mère est tombée malade...Pour qu'elle ne manque de rien, Marie a dépensé toutes ses petites économies. Ensuite elle a demandé partout de l'ouvrage, mais on n'en trouve pas toujours ; la lingère chez qui elle était et qui sait comme elle travaille bien, aurait pu lui donner de bons ouvrages bien payés, mais elle a défendu à Marie de se représenter chez elle. La pauvre fille est désolée, car l'hiver est venu, il faut du bois pour se chauffer, et Marie pleurait en me disant : « Je n'ai pas d'ouvrage, je n'ai plus rien à engager... et ma mère va avoir froid, car je ne sais plus comment avoir du bois... » Ah ! mesdemoiselles ! ça m'a fait bien de la peine d'entendre cela... et si alors mon jambon n'avait pas été acheté, j'aurais offert tout mon argent à Marie pour qu'elle pût avoir du feu.

Toutes ces jeunes filles sont devenues sérieuses ; quelques-unes ont même des larmes dans les yeux, et Thélénie est de ce nombre. Mais, tout à coup, passant sa main sur son visage, elle s'écrie :

— Pas d'ouvrage !... pas de bois !... une mère malade !... Pauvre Marie !... et nous ferions un festin !... et nous engloutirions soixante-quinze francs en une soirée ! tandis qu'avec une partie de cette somme nous pouvons soulager la misère d'une ancienne camarade. Mesdemoiselles, est-ce que c'est votre avis ?... est-ce que vous avez encore envie de champagne, de volailles et de pâtés pour souper ?

— Oh ! non, non... secourons Marie d'abord...

— Des pommes de terre frites et du cidre... mais que notre ancienne camarade ne soit plus dans la peine.

— Oui ! oui !... des pommes de terre... ça nous est égal...

— Oh ! je avais pas donné trois francs, *goddem !* pour rien que des pommes de terre...

— Monsieur l'Américo, vous n'avez pas la parole, et ce n'est pas vous que l'on consultera.

— Je vote comme ces demoiselles, dit Sibille, et certainement si mon gâteau n'était pas commandé... mais maintenant il doit être au four... il faudra bien le manger.

— Moi, je suis aussi pour les pommes de terre frites, dit le papa Colinot; avant de se régaler, il faut penser à ceux qui sont dans le besoin.

— Bravo ! père Colinot, reprend Thélénie, ça vaut mieux qu'une valse au piano, ce que vous dites là. Mesdemoiselles, voulez-vous me laisser l'emploi des fonds ?

— Oui, oui…

— Eh bien, voilà soixante francs que je mets de côté pour Marie. Tontaine, tu sais où elle demeure ?

— Oui ; elle m'a donné son adresse en me priant de tâcher de lui trouver de l'ouvrage.

— Oh ! nous lui en trouverons ; mais en attendant, dès demain elle aura les soixante francs.

— Je demande à les lui porter ! s'écrie Sibille.

— Le plus souvent, vous n'auriez qu'à vous perdre en route… et on ne vous retrouverait plus. Non, c'est moi qui irai trouver Marie, qui lui demanderai pardon d'avoir mal jugé sa conduite, qui ranimerai son courage en lui promettant de l'ouvrage et qui la supplierai d'accepter notre argent, ce qui ne sera peut-être pas le plus facile, car Marie est fière et ne voudrait pas demander ; mais je lui dirai que c'est pour sa mère et qu'elle nous le rendra plus tard. Voilà qui est arrangé. Demain, dès le matin, j'irai chez Marie, et ceux ou celles qui voudront savoir le résultat de ma démarche, pourront venir me le demander le soir, ici, chez Fanfinette… je leur conterai tout ce que j'aurai appris. Maintenant il nous reste quinze francs à fricoter, sans compter le jambon qu'apporte Tontaine et le superbe gâteau que le jeune Sibille nous annonce. Anisette, viens avec moi, allons aux provisions ; je vous promets que nous aurons encore de quoi nous rassasier.

— Je aimais pas le pomme de terre frite, murmure de nouveau M. Yorksir.

— Soyez tranquille, milord, à cette heure-ci il

n'y a plus de friture ; mais vous aurez du fromage d'Italie à gogo, et cela remplace très-agréablement les truffes. Qu'on nous donne deux paniers, et en avant, marche !

On trouve un grand panier et un énorme cabas dont s'emparent Thélénie et Anisette, puis ces demoiselles sortent pour aller aux provisions. Pendant leur absence, Sibille s'exerce sur le mirliton et M. Colinot se fait une espèce de triangle avec une tringle de rideau. Les jeunes filles mettent le couvert, auquel il manque quelques fourchettes et plusieurs couteaux ; mais il est entendu que l'on se prêtera mutuellement ces ustensiles. M. Yorksir se promène majestueusement autour de la table en disant :

— Dans le taverne on n'avait pas de serviette, mais tout le monde il avait un couteau.

— Eh bien, milord, dit Fanfinette, nous avons des serviettes, nous, ce qui prouve que nous sommes plus propres que dans les tavernes.

Thélénie et Anisette reviennent avec une masse de charcuterie, des pains, du fromage, et suivies d'un garçon marchand de vin qui apporte six bouteilles à seize.

Puis un petit patronet se présente enfin avec un petit gâteau feuilleté qui peut bien valoir quinze sous.

— Comment, Sibille ! c'est là votre superbe gâteau ? dit Anisette.

— Mesdemoiselles, ce n'est pas ma faute si on l'a fait si petit pour le prix... je suis volé, voilà tout.

— Je crois plutôt que c'est nous qui sommes volées !... faites donc onze parts avec cela... c'est difficile.

— Il faut les faire cependant, et convenir que celui qui aura la fève payera un autre gâteau...

— S'il a de l'argent.

— On ne le payera pas ce soir.

Thélénie coupe le gâteau et en offre à tout le monde en disant :

— Surtout qu'on ne s'avise pas de tricher... il y a une fève, j'en suis sûre, je l'ai vue en regardant le gâteau en dessous.

Chacun prend sa part. Les demoiselles tâtent leur gâteau et le montrent à la société, en disant :

— Je n'ai pas la fève.

— Ni moi ; on peut voir.

— Mesdemoiselles, dit Sibille, je n'ai pas la fève ; au reste, je demande qu'on me tâte pour s'en assurer.

Mais M. Yorksir, après avoir tâté sa part de gâteau, la porte vivement à sa bouche et l'avale non sans faire quelques contorsions, en disant :

— Je n'avais pas non plus le petit haricot !...

— Et moi je suis sûre que c'est lui qui l'avait, dit Thélénie à ses amies ; décidément le noble étranger d'Edelmone me fait l'effet d'un cuistre ; mais il faudra le soigner en conséquence au souper. Mesdemoiselles, je découperai le jambon de Reims, et tout le monde en aura, excepté lui.

— C'est cela, tu feras dix parts... on lui passera l'assiette en dernier.

— Mesdemoiselles, je propose un quadrille avant de manger, cela nous mettra en appétit.

— Oui, un quadrille au mirliton.

Sibille prend sa flûte à l'oignon, M. Colinot sa tringle, on donne à M. Yorksir deux morceaux d'assiette cassée, dont il doit faire des castagnettes, et les huit demoiselles dansent entre elles. Après le quadrille elles demandent une polka, après la polka une mazurke, après la mazurke une valse, et après la valse... le souper.

La société se met gaîment à table. Faute de roi, Thélénie est proclamée reine. Le souper est fort gai. On boit d'abord du cidre, puis on fête le vin à seize. Le jambon de Reims est trouvé excellent, même par l'Anglo-Américain avec qui Edelmone a partagé son morceau. Les saucissons, le fromage d'Italie, les petits bondons de Neuchâtel ont le plus grand succès. On crie : Vive la reine ! avec le vin à seize tout aussi bien qu'avec du champagne, et les demoiselles de magasin ont de plus dans le fond de l'âme ce contentement qui suit toujours une bonne action.

M. Yorksir seul avale plusieurs fois de travers, mais Sibille lui dit :

— C'est le petit haricot qui vous sera resté dans e gosier.

XXXV

Il vaut mieux tard que jamais

Depuis quelques semaines l'état maladif de Paola s'était considérablement aggravé; elle n'avait qu'à peine la force d'aller de son lit à la causeuse qui était placée contre le feu.

Mais ce matin-là, comme il n'y avait pas de feu dans la cheminée, Paola n'avait pas quitté son lit, et Marie, debout contre la croisée, tournait le dos à sa mère, pour que celle-ci ne vît pas les larmes qui coulaient de ses yeux. Mais la pauvre fille cachait mal sa douleur, et si sa mère ne voyait pas ses pleurs, elle entendait ses soupirs et devinait son chagrin.

Se soulevant un peu sur son lit, Paola se tourne vers sa fille en lui disant:

— Marie, pourquoi te tiens-tu ainsi éloignée de moi? pourquoi ne viens-tu pas t'asseoir là, à mes côtés?

— Ah! ma mère... c'est que... je regardais...

— Allons, ne mens pas, chère enfant, c'est que tu pleures et que tu ne veux pas que je voie tes larmes... Viens... viens près de moi... Ah ! je ne me trompais pas... tu sanglotes ! Voyons, pourquoi te désoles-tu ?...

— Vous me le demandez ! il fait bien froid... et nous n'avons pas de feu... et je n'ai pas de quoi en faire... je ne puis même gagner de quoi vous réchauffer... je n'ai pas d'ouvrage... j'en ai en vain demandé partout hier... je ne peux plus vous acheter le sirop qu'on vous a ordonné. Ah ! je suis bien malheureuse !...

— Calme-toi, ma fille, j'ai chaud dans mon lit, j'aime autant ne pas le quitter... le sirop ne me sert à rien, il ne me guérira pas... Tu es sans ouvrage aujourd'hui, eh bien ! tu en trouveras demain. Sinon, nous vendrons ce meuble, cette causeuse... dont je ne me servirai plus guère...

— Ah ! ne dites pas cela, ma mère... vendre ce meuble que vous aimez... je ne le veux pas... Oui... demain j'aurai peut-être de l'ouvrage... J'ai rencontré hier au soir Tontaine, une de mes anciennes camarades, je lui ai conté ma position... C'est une bonne fille... elle m'a promis de parler aussi pour moi.

— Mais tu travailles trop, pauvre enfant ; tu veilles une partie des nuits quand tu as de l'ouvrage.

— Oh ! je suis si heureuse quand je travaille...

— Parce que tu te dis : Ma mère ne manquera de rien... Chère Marie ! je te connais bien maintenant... et pourtant j'ai été bien dure, bien injuste avec toi...

— Non, non... vous ne me connaissiez pas, vous ne pouviez pas m'aimer.

— Ne doit-on pas toujours aimer ses enfants !... voilà ce que j'aurais dû me dire alors... Voyons, pendant que nous causons, puisque tu ne travailles pas, il faut que je te questionne encore sur quelque chose... dont je voulais te parler depuis longtemps... et j'ai toujours hésité à le faire... car on n'aime pas à avouer ses torts...

— Oh ! ma mère ! si ce que vous allez me dire doit vous faire de la peine, gardez ces paroles... ne me dites rien... Vous m'aimez maintenant, vous m'appelez votre fille, qu'ai-je besoin de savoir rien de plus !...

— Si, mon enfant, je dois te dire la vérité... à quoi me servirait à présent le mensonge ! Quand je t'ai fait dire de venir me parler, avant le funeste accident qui m'est arrivé, c'était pour te défendre de voir M. Roger... j'étais jalouse de toi, Marie, car j'aimais ce jeune homme... mais je n'avais pas le droit d'être jalouse, car aucune liaison d'amour n'avait existé entre moi et ce jeune artiste... jamais il n'était venu me voir, et, tout en conservant avec moi la plus froide politesse, il avait refusé toutes mes invitations.

— Il serait possible, ma mère !

L'accent de bonheur avec lequel Marie laisse échapper cette exclamation fait sourire Paola, qui reprend :

— Pauvre fille ! tu aimais ce jeune homme, n'est-ce pas ?... et tu refoulais cet amour au fond de ton cœur, parce que tu pensais qu'il offensait

ta mère. Ah! cesse de combattre ce sentiment...
Quand tu reverras Roger, ne le fuis plus... avoue-
lui toute la vérité... et s'il t'aime aussi comme tu
en es digne, il te pardonnera de lui avoir causé du
chagrin, puisque tu ne faisais qu'obéir à ta mère...

— Quoi! vous permettez... vous voulez bien...
cela ne vous fera pas de peine si M. Roger me
parle?

— Non, chère enfant; car maintenant je vois
toute la folie de ma conduite... et, pendant le temps
qui me reste à vivre, je voudrais au moins assurer
ton bonheur.

— Ah! ne parlez pas de mourir, ma mère; vous
guérirez; cette maudite toux qui vous fatigue,
cessera avec le printemps. Alors j'aurai de l'ouvrage, nous serons heureuses et...

Deux petits coups frappés à la porte interrom-
pent Marie.

— Entrez, dit-elle; et presque aussitôt Thélénie
est devant elle. Un cri de surprise échappa à
Marie qui vole vers son ancienne camarade de
chambre, en disant:

— Thélénie... toi ici... par quel hasard?

— Oh! ce n'est pas un hasard... c'est bien exprès
répond la belle brune après avoir jeté un regard
sur le lit; mais Paola s'est tournée du côté du mur,
peu soucieuse de montrer son visage. Marie attire
Thélénie tout contre la croisée. Celle-ci lui dit à
demi-voix:

— C'est ta mère qui est couchée là?

— Oui.

— Elle est malade?

— Elle tousse beaucoup, elle est très-faible, elle a besoin de beaucoup de soins...

— Pauvre Marie! nous avons vu Tontaine, hier au soir; elle nous a raconté tout ce que tu as fait... et pourquoi tu as quitté ton magasin; mais laisse-moi t'embrasser d'abord, car j'en meurs d'envie...

Et, prenant Marie dans ses bras, Thélénie l'embrasse à plusieurs reprises, puis la contemple, puis l'embrasse encore en murmurant:

— Tu es changée... tu es maigrie... tu as souffert... pauvre fille!...

— Mais non... j'ai été bien heureuse de venir près de ma mère.

— Et pourquoi n'as-tu pas dit à ta lingère que c'était pour aller soigner ta mère que tu la quittais?

— Parce qu'alors... je ne le pouvais pas encore... je ne savais pas si ma mère... voudrait m'avouer pour sa fille...

— T'avouer pour sa fille!... quelle est donc la mère qui ne serait pas fière de toi!... Qu'est-ce que c'est donc que cette mère-là qui ne venait jamais te voir ni t'embrasser!...

— Chut!... chut!... pas si haut!...

— Mais dame... pour te défendre de te dire sa fille... elle avait donc commis des crimes?

— Mais non... ma mère... c'est madame de Beauvert.

Thélénie est stupéfaite; elle ouvre de grands yeux et murmure enfin bien bas:

— Madame de Beauvert, celle à qui est arrivé cet accident... avec une perruche?

— Oui, c'est cela...

— Ah! je comprends tout maintenant... c'est après avoir entendu Tontaine raconter cette histoire que tu es partie bien vite... que tu nous a quittées...

— Sans doute; je venais d'apprendre que ma mère était malheureuse... ne devais-je pas accourir près d'elle?

— Pauvre Marie!... Quoi! cette dame... qui est couchée là... est la même qui est venue dans mon magasin... demander une foule de choses pour Roger, en voulant faire croire qu'il était son amant, et ce n'était pas vrai... car j'ai su depuis la vérité sur tout cela.

— Tais-toi, Thélénie, tais-toi... ma mère est malade, malheureuse, il ne faut plus se souvenir de tout ce qui est passé...

— Tu as raison... tu es une bonne fille... je m'en irai en me retournant pour que ta mère ne me voie pas, parce que cela ne lui ferait peut-être pas plaisir de me reconnaître... mais auparavant... j'ai à te dire... à te remettre...

Thélénie avait dans sa poche la petite somme qu'elle apportait à Marie et elle ne savait comment la lui offrir. On est souvent plus embarrassé pour faire le bien que pour commettre une mauvaise action. Enfin, sortant de sa poche les soixante francs qu'elle avait enveloppés dans du papier, elle les met tout à coup dans la main de Marie en lui disant :

— Tiens... voilà qui est à toi.

— A moi !... comment !... qu'est-ce que c'est que cela ?...

— C'est... c'est ta part de gâteau des Rois que nous avons tiré hier avec ces demoiselles... Ah ! ne va pas nous refuser surtout, car, alors, nous croirions que tu ne nous juges pas dignes d'être tes amies.

— Quoi !... tu me donnes de l'argent... mais je ne veux pas...

— Encore une fois je te dis que c'est ta part du gâteau... chacune a eu la sienne... les unes en pâtisseries, les autres en argent... Est-ce que tu ne nous aimes pas assez pour vouloir accepter de nous un léger service que tu nous rendras plus tard ?... car chacun a ses moments de prospérité dans ce monde.

— Ah ! Thélénie... que tu es bonne !... dis à ces demoiselles...

— Assez ! nous savons ce que tu penses ; maintenant je me sauve... je vais courir chez ta lingère lui conter pourquoi tu l'as quittée, et je suis bien certaine qu'elle te donnera de l'ouvrage.

— Quoi ! vraiment ! tu espères...

— Je n'espère pas... je suis sûre... Adieu ; embrasse-moi... tu auras bientôt de nos nouvelles... et je vais me sauver sans regarder du côté du lit.

Thélénie est partie laissant Marie bien heureuse car le secours inattendu qu'elle vient de recevoir lui permet d'avoir du bois et d'attendre du travail sans que sa mère manque de rien. Paola n'avait pas reconnu la demoiselle du magasin de parfums.

— Qui donc est venu? dit-elle à sa fille.

— Une de mes anciennes camarades, une bien bonne fille, qui m'a promis de me faire avoir de l'ouvrage, de me raccommoder avec ma lingère, et qui, en attendant, a voulu absolument m'avancer de l'argent.

— Tu le vois, Marie, tu avais tort de te désoler... à ton âge il faut toujours espérer.

Thélénie s'est empressée de faire ce qu'elle a promis ; elle se rend chez la lingère qui avait employé Marie, elle lui conte tout ce que la jeune fille a fait et pourquoi, en sachant sa mère seule, malheureuse et souffrante, elle n'a pas voulu différer d'un instant à se rendre près d'elle. Alors, l'ancienne patronne de Marie regrette beaucoup la sévérité avec laquelle elle a traité cette jeune fille, dont elle avait mal jugé la conduite; elle s'empresse de faire un volumineux paquet d'ouvrage et elle veut elle-même le porter dans la journée à Marie.

Le soir, presque toute les demoiselles qui, la veille, étaient réunies chez Fanfinette, s'y retrouvent encore, et le jeune Sibille Peloton, qui n'est pas moins curieux de savoir tout ce qui concerne Marie, ne manque pas de s'y rendre aussi pour connaître le résultat des démarches de Thélénie. Un cri de surprise échappe à tout le monde lorsqu'on apprend que Marie est la fille de madame de Beauvert. Sibille se frotte les mains, en disant:

— En voilà des choses intéressantes!... je sais bien à qui je les raconterai demain.

Le lendemain, en effet, sur le midi, Sibille

Peloton entrait dans le nouvel atelier de Roger, où il trouvait Boniface Triffouille et son ami Calvados qui venaient, après leur déjeuner, passer quelques instants chez l'artiste.

En voyant partir le petit commis, Boniface prend un air digne et lui dit avec gravité:

— Avez-vous encore donné de mes portraits à à des femmes, monsieur? allez-vous encore me faire avoir quelque scène dans un café ou sur la voie publique?

— Mon cher monsieur Triffouille, je ne possède plus une seule de vos photographies, par conséquent je n'en donnerai plus à personne. Quant à la grosse dame de la rue de la Tour-d'Auvergne, mon cousin m'a raconté votre aventure, elle est bonne... mais je vous jure que je croyais lui glisser mon adresse...

— Vous étiez amoureux de ce colosse?

— Tant que je ne l'ai vue que par derrière, oui... mais du moment qu'elle s'est retournée, j'ai pris mes jambes à mon cou. Messieurs, si vous me voyez aujourd'hui, c'est parce que je viens apprendre à M. Roger des choses qui l'intéressent, j'en suis sûr... et je veux qu'au moins une fois ma visite lui soit agréable... car j'ai bien deviné, moi, que cette jeune Marie qui travaillait chez une lingère... à côté de Thélénie, ne lui était pas indifférente, et je viens lui en donner des nouvelles.

— Des nouvelles de Marie! s'écrie Roger, vous sauriez où elle est? ce qu'elle fait?... Ah! parlez, Sibille; dites-moi tout ce que vous savez...

Le jeune Peloton fait à ces messieurs le récit de

tout ce qu'il sait touchant Marie ; mais lorsqu'il leur apprend que cette jeune fille avait pour mère madame de Beauvert, qui lui avait défendu de faire connaître le lien qui l'unissait à elle, un profond étonnement se peint sur tous les visages, et Calvados paraît surtout fortement ému de tout ce qu'on lui dit des vertus, des qualités, de la beauté de Marie.

Puis Roger s'écrie tout à coup:

— Thélénie lui avait dit sans doute que j'étais l'amant de madame de Beauvert!... pauvre Marie!... ah! je comprends maintenant pourquoi elle me fuyait... pourquoi elle me défendait de lui parler... c'était encore par crainte de faire de la peine à sa mère... oh! je me justifierai, je dirai à Marie toute la vérité, et il faudra bien qu'elle m'écoute maintenant!... Sibille, vous savez son adresse?

— Oui, la voici; Tontaine me l'avait apprise et je l'ai écrite de peur de l'oublier.

— Ah! merci, Sibille, merci mille fois; ce que vous faites aujourd'hui me prouve que si vous êtes souvent étourdi et inconséquent, vous aimez aussi à faire rendre justice aux personnes injustement soupçonnées.

— Je vous pardonne le placement de mes portraits, dit Boniface en tendant sa main au jeune Peloton; mais vous n'en donnerez plus?

— Si cependant c'était à une jolie femme?

— Oh! alors... tenez... j'en ai encore deux sur moi... je vous les confie.

Calvados était resté tout sérieux et semblait

plongé dans ses réflexions. Boniface s'approche de son ami et lui dit à l'oreille :

— Dis donc... cette jeune Marie, si gentille, si bonne, est la fille de cette madame Lucette... Est-ce que cela ne te donne pas à réfléchir?

— Si fait... si fait..., cela me préoccupe beaucoup au contraire...

— Ta maîtresse t'a dit que tu étais père de sa fille... tu n'en es pas persuadé; mais cependant cela pourrait être... et, dans le doute, dois-tu laisser dans le besoin, dans la misère même, cette pauvre fille... toi qui es riche, qui n'as point d'enfants, qui peux sans te gêner assurer son avenir? Je suis certain que ta femme elle-même ne te blâmerait pas de faire du bien à cette pauvre Marie.

Calvados serre la main de Boniface en lui disant :

— Tu as raison, mon ami, tu as raison; tu es de province, mais tu as plus de cœur que beaucoup de Parisiens; tu seras content de moi.

Le lendemain de cette journée, Marie travaillait auprès de sa mère ; elle était heureuse, sa lingère était venue la voir et lui apporter elle-même de l'ouvrage, en lui assurant que, désormais, elle ne l'en laisserait jamais manquer. Puis, cette dame l'avait embrassée tendrement en lui demandant pardon d'avoir mal jugé sa conduite. Il ne manquait plus au bonheur de la jeune fille que la rencontre d'une personne qu'elle ne craindrait plus d'écouter; mais quelque chose lui disait que cette rencontre-là ne tarderait pas à arriver

Vers le milieu de la journée, un commissionnaire se présente porteur d'une lettre dont l'enveloppe est soigneusement cachetée ; il demande madame de Beauvert, lui remet sa missive et s'éloigne en disant:

— Il n'y a pas de réponse: le monsieur qui m'a remis cela est venu me conduire jusqu'à la porte, je suis payé.

— Qui peut m'écrire? dit Paola: cette lettre est bien grosse ; elle renferme quelque chose... serait-ce encore un mémoire que j'ai oublié d'acquitter?

— Si c'était, cela ma mère, le commissionnaire aurait attendu une réponse, dit Marie; j'ai idée, au contraire, que le contenu de cette lettre droit vous faire plaisir.

Paola brise les trois cachets. Alors des billets de banque sortent de l'enveloppe et tombent sur ses genoux.

— Qu'est-ce que cela?... s'écrie Marie... on dirait des billets de banque!...

— Oui, ma fille, oui, ce sont des billets de mille francs... et il y en a huit... dix... quinze...

— Quinze mille francs!... mon Dieu! qui vous envoie cela? Ah ! lisez donc, ma mère.

Paola, qui a vu au bas de la lettre la signature de Calvados, lit tout bas ce billet:

« J'ai appris que vous n'étiez plus heureuse,
« que votre fille seule avait soin de vous: j'ai
« peut-être été jadis injuste à votre égard;
« veuillez accepter ces quinze mille francs ; si vous

« ne les voulez pas pour vous, que ce soit alors
« pour elle. »

Marie attendait avec impatience que sa mère
lui fît part du contenu de la lettre. Paola, après
avoir lu, prend les billets de banque et les
présente à sa fille en lui disant.

— Tiens, Marie, c'est pour toi que l'on m'envoie
ces quinze mille francs.

— Pour moi! et qui donc vous envoie cela?

— C'est une personne que j'ai beaucoup connue
jadis... Oh! je puis sans honte accepter cet argent...
mais tu vois bien que tu me portes bonheur, car,
sans toi, on n'aurait jamais pensé à me faire ce
cadeau.

— Tous les bonheurs nous arrivent tout à la
fois!... quinze mille francs!... mais c'est une fortune, cela!...

— Non... et autrefois, j'aurais follement dépensé
cette somme; mais aujourd'hui je connais le prix
de l'argent... celui-ci est à toi... tu le placeras, tu
en feras ce que tu voudras.

— A moi... à vous, ma mère, n'est-ce pas la
même chose?... mais désormais nous sommes à
l'abri de la misère... vous n'aurez plus de crainte
pour l'avenir... et vous vous rétablirez bien plus
promptement.

Paola soupire en pressant la main de sa fille;
mais quelque chose lui disait tout bas qu'elle ne
se rétablirait pas.

Ce que Marie avait prévu ne tarde pas à se réaliser : lorsqu'elle sort pour chercher les provisions qui leur sont nécessaires, elle aperçoit Roger qui l'attendait à la porte de sa maison et qui court lui prendre la main, en lui disant :

— Me fuirez-vous encore ? je connais votre noble conduite, Marie ; je sais quelle est votre mère... mais vous devez savoir aussi que l'on vous avait fait de faux rapports. Je n'ai jamais cessé de vous aimer... je ne veux aimer que vous... et mon plus ardent désir est de vous nommer ma femme... car on ne fait pas sa maîtresse d'une jeune fille qui a votre mérite et vos vertus.

Pour toute réponse, Marie a laissé sa main dans celle de Roger, et cette main a doucement répondu à la pression de la sienne, cela valait tous les aveux ; mais comme elle craint toujours de causer de la peine à sa mère, elle dit au jeune peintre :

— Vous ne pouvez pas venir me voir chez nous, car votre présence pourrait encore faire de la peine à ma mère ; mais je vous dirai les heures où je sors le matin et dans l'après-midi, et, lorsque vous désirerez me voir, vous serez sûr de me rencontrer.

Roger est heureux, il se contente de cette promesse, il sent bien qu'il faut ménager l'amour-propre et la santé de son ancienne voisine.

Mais, malgré tous les soins que lui prodigue sa fille, Paola s'éteint un mois après ces événements ; elle avait été frappée au cœur par la perte de sa beauté, et ne désirait pas lui survivre. Cependant, avant de mourir, elle avait senti qu'il y a des jouissances plus douces que celles que procurent l'opulence et la coquetterie.

Est-il besoin de dire que Roger épouse sa chère Marie, lorsque celle-ci cesse de porter le deuil de sa mère? Calvados demande au jeune artiste la permission d'être un de ses témoins et fait un cadeau magnifique à la mariée, qu'il regarde avec une certaine fierté et qu'il embrasse avec quelques larmes dans les yeux.

Boniface Triffouille est de la noce ainsi que Sibille Peloton, qui se frotte les mains, en disant partout que c'est lui qui a fait ce mariage-là.

En voyant Roger épouser Marie, la belle Thélénie s'écrie:

— Eh bien! il l'aimait donc... ce traître! Ah bah! au fait, il avait raison: elle vaut mieux que moi.

Quant aux autres demoiselles de magasin que nous connaissons, elles continuent à aimer le plaisir et à faire le bien, lorsque l'occasion s'en présente; si leur tête est légère, leur cœur est bon: l'un doit faire excuser l'autre; il y a tant de gens, ici-bas, qui n'ont pas un bon côté!...

FIN DES DEMOISELLES DE MAGASIN

TABLE

		PAGES.
XIX.	Une première séance (suite)	5
XX.	Chez un photographe.	8
XXI.	Au Château-des-Fleurs	22
XXII.	L'amour est le plus fort	39
XXIII.	Au pied du mur	50
XXIV.	Une femme qui a ses nerfs.	67
XXV.	Revue des parfumeurs	80
XXVI.	Le temps se brouille	93
XXVII.	Besogne perdue.	107
XXVIII.	Affaire des portraits.	117
XXIX.	Rencontre au bois.	135
XXX.	La mère et la fille.	150
XXXI.	Les suites du champagne	162
XXXII.	Le bout du nez	181
XXXIII.	Ce que fait Marie.	196
XXXIV.	Le Gâteau des Rois	212
XXXV.	Il vaut mieux tard que jamais	235

FIN DE LA TABLE DU DEUXIÈME VOLUME.

F. Aureau. — Imprimerie de Lagny

Original en couleur

NF Z 43-120-8

www.ingramcontent.com/pod-product-compliance
Lightning Source LLC
Chambersburg PA
CBHW070642170426
43200CB00010B/2106